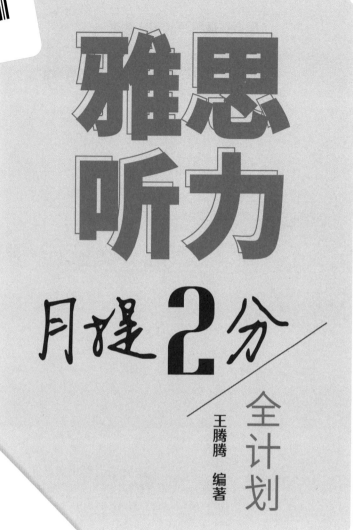

雅思听力

月提2分

全计划

王腾腾 编著

扫描二维码
免费听音频
免费下载网址
www.DUTP.cn

大连理工大学出版社

图书在版编目(CIP)数据

雅思听力月提 2 分全计划 / 王腾腾编著． -- 大连：大连理工大学出版社，2023.8

ISBN 978-7-5685-4395-8

Ⅰ．①雅… Ⅱ．①王… Ⅲ．① IELTS －听说教学－自学参考资料 Ⅳ．① H319.9

中国国家版本馆 CIP 数据核字（2023）第 101200 号

大连理工大学出版社出版

地址：大连市软件园路 80 号　邮政编码：116023
发行：0411-84708842　邮购：0411-84708943　传真：0411-84701466
E-mail：dutp@dutp.cn　　　　URL：https://www.dutp.cn

大连市东晟印刷有限公司印刷　　　　大连理工大学出版社发行

幅面尺寸：185mm×260mm　　印张：13　　字数：188 千字
2023 年 8 月第 1 版　　　　　　2023 年 8 月第 1 次印刷

责任编辑：马嘉聪　李玉霞　　　　　　责任校对：孙　扬
装帧设计：对岸书影

ISBN 978-7-5685-4395-8　　　　　　定　价：45.00 元

本书如有印装质量问题，请与我社发行部联系更换。

前 言
Preface

方法与努力一样重要

雅思这个"小可爱"，近年来频频"荣登"各大热搜榜，并且"考鸭"们都会就其难度展开激烈讨论。如果你也正在备考雅思，碰巧你也正好读到了这本书，恭喜你，不管你是已经开始刷题还是初次备考，本书将会为你展示一条通往雅思听力高分的近路。

你的那些不切实际的幻想

在专注于雅思听力教学的这 10 年里，我发现绝大部分学生在听题时，都摆出一副要用实力征服雅思的气势。然而，无论刷了多少真题，考了多少次雅思，这些学生的分数并没有太大变化，最终将自己修炼成了传说中的"万年 5 分"。

要知道，在短时间内（一两个月内），你的英文实力不太可能发生翻天覆地的变化。既然实力没什么变化，考出来的分数就是相对恒定的，不管你刷了多少真题，都只是对目前实力的测试罢了。这就是为什么你觉得自己已经做了很多真题了，分数却不见长的根本原因。

一只聪明的"考鸭"应该走的路

所以，想要在短时间内提分，你应该做的是沉下心来去了解雅思。一旦你理解了它的出题本质，避开了考官设下的陷阱，在听力这个单科上，一个月提 2 分真的不是梦。

在雅思听力大篇的原文中，其实只有极少的几句话对做题有帮助，大部分的句子都在"打酱油"，你根本没必要完全听懂。如果你不了解这个"潜规则"，就很容易在那些"没用"的句子上消耗精力，从而导致错过后面的答案句。

那么，既然答案句就那么几个，你需要做的就是通过有效的审题，提前确定好听题目标。听题时，你只要在与这个目标相关的句子上精听，不相关的句子上一律泛听即可。如此一来，听力的压力骤减不说，正确率也立马得到提升。

我的学生们学习时通常会经历以下 3 个阶段：

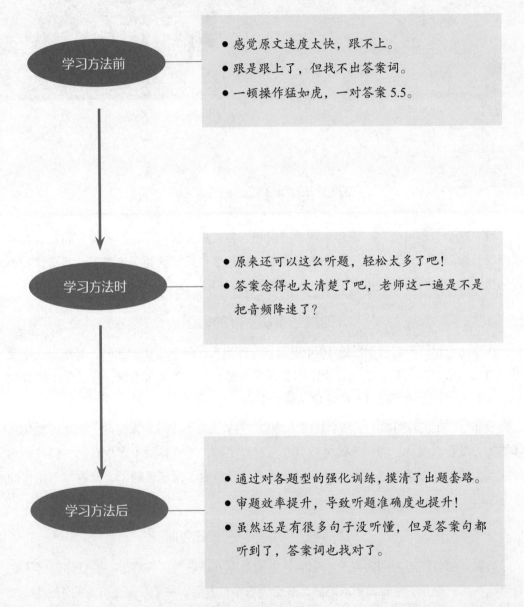

学习方法前
- 感觉原文速度太快，跟不上。
- 跟是跟上了，但找不出答案词。
- 一顿操作猛如虎，一对答案 5.5。

学习方法时
- 原来还可以这么听题，轻松太多了吧！
- 答案念得也太清楚了吧，老师这一遍是不是把音频降速了？

学习方法后
- 通过对各题型的强化训练，摸清了出题套路。
- 审题效率提升，导致听题准确度也提升！
- 虽然还是有很多句子没听懂，但是答案句都听到了，答案词也找对了。

所以，那些在短时间内大幅度提分的同学都在做的事情不是疯狂刷题，而是掌握正确的听题方法。

你的分数也可以在短时间内发生这样的变化：

如果你目前的听力分数只有 4~5 分，学完本书的你可以成为他：

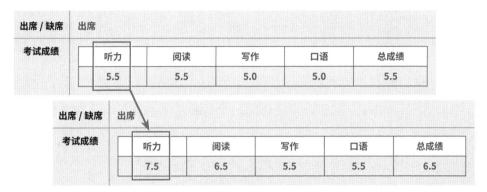

出席 / 缺席	出席				
考试成绩	听力	阅读	写作	口语	总成绩
	5.5	5.5	5.0	5.0	5.5

出席 / 缺席	出席				
考试成绩	听力	阅读	写作	口语	总成绩
	7.5	6.5	5.5	5.5	6.5

如果你目前的听力分数有 5~6 分，学完本书的你可以成为他：

出席 / 缺席	出席				
考试成绩	听力	阅读	写作	口语	总成绩
	6.0	6.0	6.5	6.0	6.0

出席 / 缺席	出席				
考试成绩	听力	阅读	写作	口语	总成绩
	8.0	8.0	6.5	6.0	7.0

即使你听力分数已经有 7~8 分，学完本书的你还可能成为他：

出席 / 缺席	出席				
考试成绩	听力	阅读	写作	口语	总成绩
	7.5	7.0	6.0	5.5	6.5

出席 / 缺席	出席				
考试成绩	听力	阅读	写作	口语	总成绩
	9.0	6.5	6.0	6.0	7.0

提分的案例我可以给你分享三天三夜，以上只展示了 3 个不同段位学生的常见提分情况。其目的是要告诉你，不管你现在的实力正处于哪一个水平，掌握了本书的做题方法，你都可以在短时间内迅速提分。

目 录
Contents

雅思听力

—— 你必须知道的事

作为提分担当，听力和阅读常常给人一种能轻松躺赢的错觉，但事实上，所谓的轻松，那只是相对口语和写作而言，并不是你以为的随便做两套题就可以搞定。这一点，对于考过雅思，或者自学过一段时间的同学来说，应该是深有体会的。

在学习听力的过程中，大家常常会陷入以下的困境中，看看有没有你本人？

> 答案词看起来也不难，但听题时，就是听不见。

> 一听题，就走神，感觉听力有毒……

> 明明好像听懂了，就是不知道要填什么。

> 真题做了一大堆，可分数还是稳定在5.5分。除了稳定，没其他啥优势了。
> "我要稳稳的幸福，能抵挡末日的残酷……"

> Part 3/4 是魔鬼吗？敢不敢说得再快一点？题还没看完，音频都念完了。完全跟不上好吗！

> 精听练了一个多月，听英语的感觉确实好了很多，可分数就是不见长。

人间真实了？放心，我是懂你的。

你之所以还没有成功提分，其实真相只有一个 —— 你还不了解雅思听力的套路。

想要一个月提两分，你要做的，不应该是像个机器一样陷入无效的刷题模式中，直愣愣地去和它正面 battle。而是将自己变成一个审题"鬼才"，在有限的审题时间里，抓获每个题的考点。如此你便可以做到，在听题时精听有考点的句子，泛听其他"打酱油"的句子。换句话就是，你要看到一个题背后隐藏的真正目的，即考官想考什么，你就去听什么，而不是"自嗨式"地一通乱听。切记：不要"自嗨"！不要"自嗨"！不要"自嗨"！

在开始正式"打怪"之前，我们需要先好好了解一下这个对手。

雅思听力考试的自我介绍

考试形式： 笔试 / 机考。考试内容一致，如何选择，看个人喜好。

打算机考的同学看过来：虽然机考的听力部分审题时做标记的方式不如笔试那么方便，但你无需过分担心，只要在平时的练习中，形成一个稳定的审题和做题模式，熟悉高频考点，不论参加机考还是笔试，你都能迅速将注意力聚焦在关键信息上。

考试时长： 笔试：30 分钟（做题时间）+10 分钟（往答题卡上誊抄答案的时间）。

机考：30 分钟（做题时间）+ 2 分钟左右（检查答案的时间）。

考试内容： 一共 4 个部分 Part/ Section（本书都用 Part 表示），每个部分 6 ~ 8 分钟。

其中：Part 1/ 3 是对话。

Part 2/ 4 是独白。

考试题型： 填空题、选择题（单选 / 多选）、配对题、地图题。

接下来，让我手把手带着你游历一遍雅思听力中的这 4 个 Part。

Part 1

形式	两个人的对话。	题型	主打：填空题。 附属：选择题、配对题。
场景	通常是一个人在跟另一个人咨询如健身房办卡、买保险、租房、找兼职等事情。	做题感受	一顿操作猛如虎，一对答案 5.5。

为了更好地理解这个部分的内容，你可以看看真题中的 Part 1 出现过的话题，以《剑桥雅思官方真题集 15》（以下简称《剑 15》）和《剑桥雅思官方真题集 14》（以下简称《剑 14》）为例。

剑桥真题	话题内容
《剑 15》Test 1 Part 1	给朋友打电话咨询一家求职中介。
《剑 15》Test 2 Part 1	给游客信息中心打电话咨询一个节日活动。
《剑 15》Test 3 Part 1	职业介绍所的工作人员给一位求职者介绍工作。
《剑 15》Test 4 Part 1	火车站的工作人员给一位乘客做"客户满意度"调查。
《剑 14》Test 1 Section 1	一位女生被偷了东西，在警察局报案。
《剑 14》Test 2 Section 1	一位女生去诊所看医生，跟医生聊病情。
《剑 14》Test 3 Section 1	一位男士给酒店客服经理打电话，咨询租会议室的详情。
《剑 14》Test 4 Section 1	一位女生给酒店打电话，咨询房间预订的事。

能看得出来，Part 1 的话题是非常生活化、很接地气的，所以常常给你造成一种能轻松把它做全对的错觉！

Part 2

形式	一个人的独白。	题型	主打：选择题，配对题。 附属：地图题，填空题。
场景	一个景点、产品、事物等的详细介绍。	做题感受	大都是日常生活中接触过的话题，大致还是能听懂个七七八八，但由于题型难度比较大，你的正确率总是飘忽不定。

那些真题中出现过的话题，以《剑 15》和《剑 14》为例。

剑桥真题	话题内容
《剑 15》Test 1 Part 2	一位旅游公司的工作人员介绍一款旅游项目。
《剑 15》Test 2 Part 2	介绍当地的一个公园。
《剑 15》Test 3 Part 2	一位女士在广播中讲述一个"街道玩耍计划"。

《剑 15》Test 4 Part 2	介绍当地一个公园的新变化。
《剑 14》Test 1 Section 2	公司管理人员给新来的培训生们的欢迎致词。
《剑 14》Test 2 Section 2	导游给游客们介绍一个即将去参观的城堡。
《剑 14》Test 3 Section 2	工作人员给志愿者们讲解的工作内容。
《剑 14》Test 4 Section 2	工作人员给游客们介绍可游玩的项目。

Part 2 的内容相较于 Part 1 来说要更难一些，通常是对一件事情比较完整的描述，但总体来讲，话题方向还是偏生活化。

Part 3

形式	2 ~ 3 人的对话。通常是： 1. 学生之间的对话。 2. 老师和学生的对话。	题型	主打：选择题，配对题。 附属：填空题。
场景	1. 两个学生在讨论作业情况。 2. 学生咨询老师某项事宜。 3. 一个老师和两个学生在讨论作业。	做题感受	原文太多，看不完。 速度太快，跟不上。 话题高端，听不懂。 连蒙带猜，全凭运气。

那些真题中出现过的话题，以《剑 15》和《剑 14》为例。

剑桥真题	话题内容
《剑 15》Test 1 Part 3	两位心理学专业的同学在讨论"孩子的出生顺序对性格的影响"。
《剑 15》Test 2 Part 3	两位英文专业的同学在准备一场关于"19 世纪英国生活与文学"的报告。
《剑 15》Test 3 Part 3	两位同学在讨论一个关于"媒体研究"的作业。
《剑 15》Test 4 Part 3	两位社会历史专业的学生在讨论一个关于"冷藏史"的报告。

《剑 14》Test 1 Section 3	两位城市规划专业的学生在讨论一个关于"沿海建造的城市"的报告。
《剑 14》Test 2 Section 3	两位环境科学专业的学生和他们的导师在讨论一个关于"已经灭绝的猛犸象"的报告。
《剑 14》Test 3 Section 3	一位音乐老师跟导师讲述他所负责的校园乐队的事。
《剑 14》Test 4 Section 3	一位学儿童文学的学妹向学长咨询一个课程。

Part 4

形式	一个人的独白。	题型	主打：填空题。 附属：选择题，配对题。
场景	通常是一个教授的讲座，或是一位学生做的专业话题的报告。	做题感受	咦？讲到哪儿去了？我在哪儿？我是谁？我要干什么？ "That is the end of Part 4." 额，这句话听懂了。

那些真题中的 Part 4 都聊过的话题，以《剑桥 15》和《剑桥 14》为例。

剑桥真题	话题内容
《剑 15》Test 1 Part 4	一位学生的关于"澳大利亚桉树"的报告。
《剑 15》Test 2 Part 4	一个关于"莫桑比克农业项目"的报告。
《剑 15》Test 3 Part 4	一段关于"保持清洁的历史"的讲座。
《剑 15》Test 4 Part 4	一个历史专业学生的关于"工业革命对英国人民生活的影响"的报告。
《剑 14》Test 1 Section 4	一段关于"海洋可再生能源"的讲座。
《剑 14》Test 2 Section 4	一段关于"天气预报的历史"的讲座。
《剑 14》Test 3 Section 4	一段关于"一个艺术节上的音乐会"的讲座。
《剑 14》Test 4 Section 4	一段关于"海洋考古"的讲座。

不难看出，Part 3 和 Part 4 的话题都变得非常学术，难度骤增。与前两个 Part 的风格差异很大。

总的来说，这四个 Part 的场景几乎完美地覆盖了你在国外的两大主要场景 ——"生活"和"学习"。

Part 1 和 Part 2 —— 生活场景

前两个 Part 主攻衣食住行等生活类型的话题，其内容非常接地气，所以听懂内容对大部分考生来说并不难。但考生们经常是听懂了主旨大意，却没听清和答案相关的细节，导致正确率没有自己想象得高。

Part 3 和 Part 4 —— 学习场景

后两个 Part 主攻学习场景，话题难度极大，比如 nanotechnology（纳米科技）、archaeology（考古学）、mass media（大众传媒）、education（教育学）、industry（工业）、journalism（新闻学）、marine energy（海洋能源）…… 是不是很高级？凡是大学校园里有的专业，都有可能出现在这两个部分，话题专业，听题压力很大，一不小心，考生有可能连续漏听好几道题。

Part 1 和 Part 2 虽然看上去简单，但考官在出题时，往往会故意设置一些陷阱，导致你的正确率不可控；而 Part 3 和 Part 4 话题"清奇"，你能完整地跟下来就已经很不错了，至于正确率，那更是随缘了。所以，要想在短时间迅速提分，你必须沉下心来研究考官的出题思路，他 / 她要考什么，你就去听什么，他 / 她不考的内容，你就不要太用心。

学习规划

在现在的听力考试中，虽然每个 Part 都有可能遇到任何一种题型，但一般来讲，Part 1 和 Part 4 以填空题为主，Part 2 和 Part 3 以选择题、配对题、地图题为主。所以，本书的学习分布是这样的：

Unit 1：填空题之 Part 1 —— 糖衣炮弹

Unit 2：填空题之 Part 4 —— 披着狼皮的羊

Unit 3：单选题 —— 我劝你善良

Unit 4：多选题 —— 单选题 2.0 版

Unit 5：配对题 —— 来去匆匆

Unit 6：地图题 —— 几家欢喜几家愁

Unit 7：彩蛋 —— 套题实战

在本书接下来的学习中，我会以攻克**各大题型**为主线，结合 **4 个 Part** 的场景，手把手带着你"吃透"每道题出题背后的目的，并教会你应对每一种题型时最高效的审题和听题策略。

通过对各大题型的深入理解和对做题方法的掌握，相信你一定能变成为一位做题小天才，下一位"一个月提 2 分"的学霸就是你了。走起！

Unit 1

填空题之 Part 1

—— 糖衣炮弹

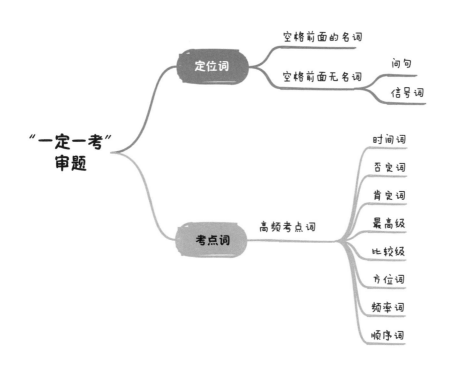

Unit 1
填空题之 Part 1 —— 糖衣炮弹

Part 1 做题的感觉通常是这样的!

作为听力四个 Part 中最简单的一个，你能否稳定地做对过其中的 9~10 道题？如果可以，你完全可以跳过这一课；如果不行，还麻烦你老老实实看下去。毕竟作为提分最容易的一部分，丢掉了它，约等于错过了一个亿。

要知道，对于听力常年保持在 6 分以下的选手来说，如果能做好这一部分，就能即刻见证分数的提升。

在我的"临床教学"中发现，听力的分数和 Part 1 的正确个数之间，常常有着以下这种微妙的对应关系，欢迎对号入座：

听力分数	Part 1 平均正确个数
4	3 ~ 5
5	5 ~ 6
6	6 ~ 8
7	7 ~ 10

这意味着：

假如你的听力在 4 分左右，只要你肯花功夫把本 Part 做对 9 道题，听力分数能暴涨 1.5 分之多。

假如你的听力在 5 分左右，只要你能把本 Part 做对 9 ~ 10 道题，听力就能提 1 分。

即使你已经在 6 ~ 7 分，把本 Part 再做好一点，你也能多拿个 0.5 分。

所以，千万不可小看 Part 1。想在本 Part 中逆袭，你需要先了解一下自己目前的段位。来做篇题试试吧！

Complete the notes below.

Write ONE WORD AND/OR A NUMBER for each answer.

JOB ENQUIRY

About the applicant:

· name: Tracy 1 _____.

· phone number: 2 _____.

· wants to have a 3 _____ job.

· present job: 4 _____.

· has led cycle tours in 5 _____.

· is currently doing voluntary work in a 6 _____ club.

· special diet: 7 _____.

Interview:

· interview arranged on 8 _____ at 2 p.m.

· will prepare a short 9 _____ about being a tour guide.

· must bring a 10 _____.

扫码听题

答案：下一页！
听力原文：54 页！

做完题之后：

1. 对答案

1. Grenville	2. 218 335 7042	3. part-time	4. manager	5. France
6. tennis	7. vegetarian	8. Thursday	9. presentation	10. reference

2. 查看正确个数，算算离做对 9 ~ 10 道题的目标还差几个（每多做对 2 ~ 3 道题，分数就能增加 0.5 分），然后就可以算出你在本 Part 能提多少分了。

3. 做完以上两步，先别急着去跟错题较劲。毕竟，除了对照原文去翻译，你也没别的高招了。你心中十分清楚，就算把这篇题翻译得再好，也几乎不会对下一篇题有帮助，下次该错几个还是几个。所以，别再做这些无用功了。要想快速提分，就要真正理解考官的出题逻辑，顺着他 / 她的思路去听题。接下来，让我们暂时忘掉这篇题，来看看考官出题的底层逻辑是什么。

认真看看上面这 10 道题的答案词，其实单词都很简单，基本都是高中词汇。然而你却错了那么多，为什么？听题时的你，恨不得把原文中每个字句都听清楚，绝不愿放过任何一个单词。殊不知，你的这种听题方式就是限制你拿高分的"罪魁祸首"。

那么问题来了，什么才是雅思听力的正确打开方式？

答：带着目标听题！

先让我给你捋捋。首先，你要接受一个事实：你大概率是不能把原文中的每句话、每个词全都听懂的，总会对一些单词和表达不熟悉。而当你在一个不熟悉的单词上"反复纠缠"时，就容易漏听后面的内容，这常常是导致你与答案词擦肩而过的直接原因。举个例子，答案明明在第 3 句话里，而你却陷在第 2 句话里无法自拔，完全没听见第 3 句话对你的"呐喊"。

而当你了解雅思听力的填空题后，就会发现，所有的<u>答案词都是原词</u>出现，不需要做任何的加工和改编，你只需要在原文中听到它，然后把它写在答题纸上就 OK 了。所以，<u>"你不生产答案，只是答案的搬运工"</u>。

那么，作为一个聪明的搬运工，你首先需要找对地方，再开始发力搬运，而不是不管三七二十一乱搬一通，到最后白白耗费大量力气。一个聪明的搬运工会把自己有限的力气全部用在该搬的东西上，不该搬的，就直接忽略它。你若能做到这样，听力一月提两分真的不是梦。

那么，灵魂拷问来了："哪些砖才是你需要搬的呢？"，换言之，**要如何找到听题目标呢？** 这将是贯穿雅思听力过程中，你最需要训练出的一项技能。

填空题填写单词的基本准则

每篇填空题都会清晰地给出填写单词的个数限制，一定要在看题之前首先关注到这一点。

比如：Write ONE WORD AND/OR A NUMBER for each answer.

上面的字数要求是：每个空格，最多可以填写 1 个单词和 / 或 1 个数字。

下面这类题的答案，就正好满足上述字数要求的最大限度：

Date: October <u>21</u>

Length of time: <u>2</u> months

填空题常见的字数限制有：

ONE WORD OR A NUMBER

1 个单词或 1 个数字

NO MORE THAN TWO WORDS AND/OR A NUMBER

不超过两个单词和 / 或 1 个数字

NO MORE THAN THREE WORDS AND/OR A NUMBER

不超过 3 个单词和 / 或 1 个数字

注意：个数限制是指你填写的单词个数只要不超过最大个数即可。有时候，虽然题目中给的个数限制是 "不超过两个单词和 / 或 1 个数字"，但是整篇题的答案词都只有一个单词，这种情况也很正常。

OK，该交代的差不多说完了。接下来，正式进入技能学习环节。

填空题审题秘诀："一定一考"法

什么是"一定一考"审题法？

顾名思义，一个定位，一个考点。

在对剑雅思桥真题近十年的深度剖析之后，我发现了一大现象——大体来讲，一个考题，本质上是由一个定位和一个考点组成的，且这个"定位"和这个"考点"全都长在题干上。所以，听题之前的那一小段的审题时间是极其宝贵的，千万不要走马观花，随意浏览。

要知道，如果能高效地利用这段审题时间来分析每道题的"听题目标"，就能为听题时的你提供一个焦点。聚焦在这个焦点之上，你才能轻松避开那些与题目无关的信息，从而精准地锁定答案词。

接下来，让我带你用"一定一考"法来解决雅思听力的填空题。

插播一条：不论你最终是打算参加机考还是笔试，在最开始的几篇练习中，都尽量按照接下来的方法对题目做好标记。这些标记是为了让你更加直观地发现题目的重点。等你熟练掌握了这些审题重点，在今后的做题中，就算审题时不做任何标记，你也能够迅速发现每道题的听题目标。

一、"一定"即"定位词"：帮你确定答案句

定位词的作用：它没出现，答案没来；它出现了，之后的一两句话大概率会出现答案。

定位词的超强功力，大部分考生只使用了3成，简直是暴殄天物啊。

你可以把定位词想象成一个警报器：在没响之前，你都别太走心；一旦响起，一定要竖起耳朵听之后的一两句话。

一旦掌握了定位词的功效，你会发现，其实原文中很大一部分内容根本不需要认真听，这就极大地减轻了听题的负担。所以它不仅能为你节省精力，更能帮你集中"火力"，精准对付答案句。

那么问题来了，定位词应该怎么找？

（一）空格前面有名词

1. 一定要在空格前面找定位词

　　如果想给一道题找定位词，你一定要在这道题的空格前面去找。要是你在空格后面找定位词，听到它时，答案词多半早已飘过。这时候你会发现，无论你多么努力，都很难再回忆起正确的答案词。这种眼睁睁看着答案词从眼皮底下溜走的感觉，实在很令人绝望。

　　注意：很多同学在空格前面找不到准确的定位词，就顺势把空格后面的词画下来做定位，以获得心理安慰。这样做是极其危险的，很容易导致听题时错过答案词。

2. 一定要找名词

　　之所以要找名词，是因为它最稳定。一个句子中，名词通常很难被替换，基本都是原词读给你的，所以要听到它，几乎不费力气。（以下两类名词除外：①常见的同义替换词，如 people、problem 等；②词根为动词或形容词的名词，如 movement、significance 等。）

　　其他词性的单词，如形容词、副词、动词等，几乎都会被同义词或近义词替换掉，它们出没无形，实难把握。

　　好的，废话不多说，让我们在题目中练习一下找定位的能力吧！

　　请用横线标记出下题的定位词。

The table is built on huge pads made of _____ which were imported from Spain.

　　看看你有没有出现以下两个问题：

　　① 空格前面有两个名词 table 和 pads，你是不是只标记了其中一个？

　　注意，找定位时，空格前面的名词要全部标出来，不要只挑选你认为重要的名词。空格前面标记的名词越多，你的筹码就越多，听漏这道题的概率就越低。一旦养成了这个习惯，等你做到 Part 4 的真题时，就能更加真切地尝到标记定位词的甜头——虽然整段话的内容并没有完全听懂，但却能清楚地知道哪句话是答案句。

② 有没有一不小心把 huge 这个词也勾上了？

huge 是形容词，在听力原文中很有可能被同义词替换掉，如果你勾画了 huge pads 作为定位，你不仅可能听不到 huge，还有可能漏听它后面的 pads。

这个空格前面找名词的简单动作，足以帮你拿下 70% 以上的答案句，相当于帮你守住了大半个江山。但仍有 30% 左右的题，空格前面是没有名词的。在我的"临床教学"中，这一类题是最容易被同学们漏听的。

（二）空格前面没有名词：听题时，借助"问句"和"信号词"来定位

来看个例题：

The _____ must be washed and decorations placed in gray boxes.

上题空格前面并没有名词，这时，你是不是就开始琢磨着用空格后面的 decorations、boxes 这两个名词来定位了？同学，醒醒吧，要是你都听到这两个词了，就赶紧做下一题吧。

对于空格前面没有名词的题，不要轻易往空格后面看。遇见这类题，你要提醒自己，听题的时候多关注"问句"或"信号词"，一旦它们出现，通常意味着答句来了。

1. 问句

Part 1 是一段一问一答的对话。一个问句出现的时候，后面通常会紧随答案句。所以，如果一个题目空格前面没有名词来定位，你可以在听题时关注问句的出现，当听到 What、Which、Where、How 、Is that 、Do you...? 等这样的疑问语句时，答案多半就在紧随其后的一两句话中。

2. 信号词

以下这 3 类信号词的出现，也多半预示着答案句的出现。

表示并列的词	and, also, then, or, another, Anything else? Is that all?
表示转折的词	but, instead, however, anyway
表示强调的词	in fact, actually, in particular, especially, specifically, so

学会借助"问句"和"信号词"来定位这件事，说起来轻松，但实操起来是有些困难的，它非常考验你对"问句"和"信号词"的敏感度。想要练就这项技能，你还需要稍微下点功夫，但这是绝对值得的。因为在后面的选择题、配对题和 Part 4 的填空题里，这些表示"强调"和"转折"的信号词也经常给我们引出答案句，可谓雅思听力中"最可爱的词"。

"问句"和"信号词"敏感度提升小技巧

每做完一篇 Part 1，重听一遍原文，不按暂停键，拿一张白纸，听写出所有的问句和信号词。这个过程中，不用考虑你是否听懂了每句话，只冲着问句和信号词去听，听一个写一个。写问句时也不用写出整个句子，只需写出类似 What is the...? Which are...? How much is...? Is that...? 这样的句子就好了。毕竟它只是个提示，答案词通常在下一句话中。如此坚持几天，再听 Part 1 时，你就能对每一个问句和信号词有基本的警觉，也就能更清晰地听到紧随其后的答案句了。

现在就花 5 分钟的时间，用刚才做过的题目，练习一下对"问句"和"信号词"的敏感度吧！练完之后，参考后面的答案，看看你听到了多少问句和信号词。

扫码听题

敏感度训练

Can I help you?	
Are you the right...?	
Could I have your name, please?	问句之后紧随第 1 题的答案。
And can I have your contact number?	问句之后紧随第 2 题的答案。
Are you looking for a full-time job...?	问句之后紧随第 3 题的答案。
...what work do you do?	问句之后紧随第 4 题的答案。
...so have you got any experience of leading cycle tours?	问句之后紧随第 5 题的答案。
Have you got any experience with that age group before?	问句之后紧随第 6 题的答案。
Is there anything you don't eat...?	问句之后紧随第 7 题的答案。
Would that be...?	
So, when could you come for the interview?	问句之后紧随第 8 题的答案。
...so, could you plan a 10-minute presentation about that...?	问句中带上了第 9 题的答案。
Will I need to bring my passport or anything like that...?	问句之后紧随第 10 题的答案。

以上就是你在审题时找定位词的方法。我们可以简单总结如下：

找定位的方法	
空格前面有名词	用名词
空格前面无名词	听题时，借助"问句"和"信号词"

关于练习

你现在已经对审题时如何"找定位"这件事情有了全面的了解，那么在听题时，应该如何对待这些定位呢？我有两条小建议给你：

> ① 听题时，为了及时止损，你需要同时关注至少两道题的定位词。
>
> 如果这道题听漏了，但你听到了下道题的定位词，那么立刻做下一题，及时止损，避免发生连续漏题的"悲剧"。许多同学做题时，尤其是在做 Part 4 的填空题时，经常连续漏听三四个，这就是过于执着在一个定位词上的结果。
>
> ② 无论你是打算参加机考还是笔试，在前期的听题练习中都可以做一个"小动作"：听见一个定位词，就划掉一个。
>
> 这样做的好处是：
>
> 听完一篇题后，你会发现题中几乎所有的名词都被一一划掉。这些名词几乎全部都是"从上到下，从左到右"的顺序出现。如此一来，你便会更加确定名词的定位能力，消除对它的怀疑和恐惧。这会让你在做题时更有安全感，有耐心去等待它们出现，而不至于总是怀疑自己把题跟丢了。

为了培养一个良好的找定位的习惯，接下来，现学现用，请你给刚才做的这篇题找出所有的定位，并用横线标记出来，然后对照后面的"找定位参考"纠错。

注意：你不需要翻译任何一句话，只需要在每个空格前找出名词，而那些空格前面没有名词的题，你需要提醒自己在听题时借助"问句"和"信号词"。

请用下划线标记出你认为的定位词

JOB ENQUIRY

About the applicant:

· name: Tracy 1 _____.

· phone number: 2 _____.

· wants to have a 3 _____ job.

· present job: 4 _____.

· has led cycle tours in 5 _____.

· is currently doing voluntary work in a 6 _____ club.

· special diet: 7 _____.

Interview:

· interview arranged on 8 _____ at 2 p.m.

· will prepare a short 9 _____ about being a tour guide.

· must bring a 10 _____.

找定位参考

画完定位的题，应该长成下面这样。对照一下你找的定位词，看是否还有什么问题，有没有一不小心又把定位词画到了空格后面？

JOB ENQUIRY

About the applicant:

· <u>name</u>: Tracy 1 _____.

· <u>phone number</u>: 2 _____.

· wants to have a 3 _____ job.

· present job: 4 _____.

标题词
一定要看标题的两个理由：
①了解话题方向。
②话题词会贯穿全文，一般不用它来做定位词。

· has led <u>cycle tours</u> in 5 _____.

· is currently doing <u>voluntary work</u> in a 6 _____ club.

· special <u>diet</u>: 7 _____.

Interview:

· <u>interview</u> arranged on 8 _____ at 2 p.m.

· will prepare a short 9 _____ about being a tour guide.

· must bring a 10 _____.

有了上面的定位词护体，原文中需要精听的范围就小了很多。其中有 6 道题，空格前面都有名词，所以你能清晰地听到它们的答案句。但还有 4 道题，在空格前面找不到名词，对待这些题一定要格外小心。

忍不住剧透一下，因为这是 Part 1 的题目，毕竟这个 Part 比较简单，句子通常比较短，单词量少，所以在空格前面找不到定位词的题相对较多。一旦做到 Part 4，你能更深刻地感受到定位词带来的好处，因为 Part 4 的句子一般都很长，所以几乎每道题在空格前面都能找到名词来定位。

恭喜你，至此，你已拥有了"定位"这个强有力的"警报器"。这个工具能帮你在大堆原文中精准定位到很多题的答案句，从而大大缓解你的听题压力。

然而扎心的是：明明听到了答案句的你，却还是找不对答案词。

所以，光确定了答案句还不行，你还要有能力在答案句中找到正确的答案词，而这个能力才是区别"高手"和"平民"的分水岭。

那么，真正的重点来了！

二、"一考"即"考点词"：帮你在答案句中找到正确答案词

什么才是 Part 1 的真正难点呢？如果你英文底子还不错，就会发现，定位答案句对你来说可能没太大难度，可是<u>听到了答案句的你，却常常会选错或错过答案词</u>。所以，要想在本 Part 拿高分，光靠定位到答案句还远远不够，你还需要看到本题的核心考点。

这部分的重点是围绕空格本身展开的。

首先，空格中需要填写单词的词性是审题时一定不能忽视的，也就是说，你要对空格处填写的词有个初步判断。

比如：

· Tracy will soon work as a _____.　　　空格处需要填一个职业。

· Interview date：_____　　　　　　空格处需要填一个日期。

· Rent is usually $_____ per month.　　　空格处需要填一个数字。

这种对空格词性的判断，对大部分同学来说并没有什么难度，通常只需要看看空格周边的几个词就能有方向。但问题是，如果你的审题止步于此，听题时的你便会如临深渊。

这个深渊，就是本 Part 的终极难点。为了让你能清晰地感知到它的威力，先来看看下面 3 道题。

· Sport：go _____ regularly

是不是觉得它想考一个运动类型？比如 go swimming / running / skiing 等

· Medical history: hurt my _____ this year

是不是觉得它想考一个受伤的身体部位？

· Next tour date: _____

是不是觉得它想考一个日期？

如果你是上面的审题思路，恭喜你，一个重点都没有踩到。如此审题会导致你在听题之前迷之自信，听题之后整个垮掉，感觉每道题都听到了不止一个可以填写的答案词，这个答案好像也对，那个答案貌似也没毛病，这才是本 Part 真正的难点。你的这种审题能力还停留在 1.0 版本。来，让我带你进入 2.0 审题版本感受一下，你会立马变得通透。

· Sport：go _____ regularly

可以做的运动种类繁多，如 running、jogging、hiking、swimming……如果考官想在这里增加一点难度，多说几个运动类型，那你就需要在好几个运动类型中找出正确答案。

再看看题目，是不是还有一个 regularly（经常地，有规律地）被你忽略了？考官大概率会在这个频率词上跟你"使诈"，你一定要听到一个经常做的运动。他要是说他一年才去游泳一次，这个频率就不是 regularly，你就不能选它。要是他每周跑步两次，这才是经常做的运动，选它才是对的。

好的，聪明的你，一定已经清楚了考官的套路，接下来长话短说。

· Medical history: hurt his _____ this year.

考点：this year

一定要听到 this year 所在句子里面的身体部位。考官有可能会用小时候或去年受伤的部位来设置干扰。

· Next tour date: _____

考点：next

一定要注意听下一场的日期。考官可能用上一场或下下场的日期来进行干扰。

至此，你已经看到了 Part 1 的终极难点 —— 干扰。是的，大部分题都会试图干扰你一两次。如果它不这么操作，是很难在这个简单的 Part 中拉开分数差距的。所以，只有真正的实力派才有可能扛住所有干扰，将这个"简单"的 Part 全部做对。但是，如果你的实力暂时不够，你可以靠超强的审题预测能力提前做好防备，如此也能轻松地抵抗干扰，大意就是"实力不够，审题来凑"。

你一定会说，审题时间那么少，要每道题都这样细致入微地分析，肯定来不及啊。好的好的，你的困难我都懂，那就直接上"大招"。在研究了剑桥近十年的真题之后，我总结出了 Part 1 的频考点词。在今后的做题中，只要你在题面上发现了这些词，干扰项基本就是冲着它们来设置的，不用思考，直接圈出来做考点。有了这个系列打底，你的审题速度和精准度都会有一个质的飞跃。

Part 1 高频考点词

1	时间词	题目中出现了具体的时间词，通常会有干扰，如： 过去：last year, ago, in the past, used to... 现在：present, current, now, today, already, this year... 将来：soon, future, next month...
		例题 Present major: _____. 考官可能会提到曾经学过的或将来想学的专业。听题时，你一定要稳在 present 这个词上面，等到 present 的替换词（如 now、current）出现时，对应的专业才是正确答案。
2	否定词	题目中出现 no、not、little、few、without 等表示否定的词时，考官常常会用"肯定的"内容来做干扰。
		例题 She can't eat _____. 考官可能用一些可以吃的食物来进行干扰。

3	肯定词	题目中出现 must、include、require、make sure、necessary、available 等表示肯定的词时，考官常常用"否定的"内容来做干扰。
		例题 Applicants must have _____ skills. 考官可能会用不需要的 skills 来进行干扰。
4	最高级	题目中出现 most、main、maximum、minimum、nearly all、almost all、majority 等表示最高级的词时，通常有干扰。
		例题　Maximum price: $_____. 考官会用其他数字进行干扰，你要听到最高的价格。
5	比较级	题目中出现 preferred、more、better、the same 等表示比较的词时，通常有干扰。
		例题 Preferred location: in the _____. 考官会用其他一些地点做干扰，你要听到一个"更想要的"地点。
6	方位词	题目中出现如 near、at the back、next to、beside、across、opposite 等方位词时，考官通常会用其他的方位词 / 短语进行干扰。
		例题　Forest Street (quite near the _____) 考官可能会说它离什么比较远，你要听到 near 的替换词所在的句子的地点名词。
7	频率词	once a month、regularly、usually、always 等，题上出现这些表示频率的词或短语时，考官通常会用其他的频率词 / 短语来设置干扰。
		例题　Students go to _____ one day per month. 考官可能会用 once a week 、twice a month 等其他频率来干扰。听题时，一定要聚焦在 one day per month 这个频率上等答案。
8	顺序词	题 目 中 出 现 first、start、begin、initial、original、last、finally、eventually、before、after 等表示先后顺序的词时，考官通常会用其他的顺序词进行干扰。
		例题　The party begins at _____. 考官可能会用结束的时间进行干扰，你一定要聚焦在开始的时间上。

　　当然，除了上面这些很容易被识破的考点以外，每篇 Part 1 里还会藏着好几道"心机颇深"的题需要你有所防备。这类题表面看上去清新脱俗，但它们常常在你毫无防备之时给你挖坑，比如下面这些题：

Ticket price: $_____.

Interview date: _____.

Occupation: _____.

Performance of _____ dance.

这类题长相很"清爽"，从题干中很难看出考官会怎么出干扰，所以听题时你可能就会放下戒备，结果就容易导致错选答案。

例题   Occupation：_____

听力原文

Simon: What do you do?

Julie: I work in a restaurant called Helen's Café. I started off as a **waitress** there **a few years ago** and I'm a **manager now**.

几年前是 waitress，现在是 manager。

答案词：manager 干扰词：waitress

所以，对于那些从题干上看不出会怎么设置干扰的题，你也要留个心眼，不要以为它真就这么"单纯"。它通常还是会干扰你，难度虽然不大，但就怕你完全没有预警，听见一个类似答案的词就奋笔疾书，从而导致漏听后面的内容，错过真正的答案。

至此，你已经通晓了 Part 1 的最大难点，明晰了它的出题套路。接下来，为了能让你的审题速度和准确度有一个质的飞跃，我精心为你准备了一波审题大闯关。走完这一波，你的审题实力便能成功晋升至 2.0 版本，真正做到又快又准，确保你在听题时目标明确，免受干扰之苦，在 Part 1 稳拿高分。

要求：①先用纸遮住后面的"考点"参考，只露出前面的题目。

②用圆圈把每个题的考点圈出来。

③对照后面的"考点参考"和"解析"纠错。

Level 1

题目	考点参考	解析
Present address: _____	present	考官可能会用"曾经"的地址来干扰。
Maximum price: $ _____	maximum	考官可能会说好几个数字，你需要听到最大的一个。
Meeting starts at _____.	starts	考官可能会用"结束"的时间来干扰。
Preferred course: _____	preferred	考官可能会用"不喜欢"的课程来干扰。
Should leave car next to the _____	next to	考官可能会用其他方位词来干扰。
Previous company: _____	previous	考官可能会用"现在"的公司来干扰。
Annual cost: _____	annual	考官可能会用"每月"的等其他频率词来干扰。
Starting date: _____	starting	考官可能会用"结束"的日期来干扰。
Nearest café: behind the _____	behind	考官可能会用其他方位词来干扰。
Preferred room type: _____	preferred	考官可能会用"不喜欢"的房间类型来干扰。
Starting time: _____	starting	考官可能会用"结束"的时间来干扰。
Paint the box above the _____.	above	考官可能会用其他方位词来干扰。
Can't eat _____.	can't	考官可能会用"可以吃"的食物来干扰。
Consists of mainly_____ food.	mainly	考官可能会用"不是主要"的食物来干扰。
Don't wear _____.	don't	考官可能会用"可以穿"的衣物来干扰。

　　随着对考点越来越熟，圈考点的速度是不是也变得越来越快了？先别忙着骄傲，前面这一波题的题干普遍比较短，找考点比较容易。接下来升级一下难度，看看在长句子题干中找考点是否还能手到擒来。

Level 2

题目	考点参考
The first place William and Tracy will visit is the _____.	first place
Creative writing class will be held on _____ afternoon.	Creative writing class
The rent is up to $_____ per month.	is up to（最高价）
Car park: opposite the museum next to the _____	next to
The performers should use the _____ door at the back.	at the back
There are no _____ or shopping centers in the area.	no
In the city center, the opening ceremony will start at _____.	start at
Evening fireworks display situated opposite the _____.	opposite the
Students usually have _____ together afterwards.	usually
She will soon become a _____.	soon
There is not always a _____ with the groups.	not always
At first, Milo did his training in the _____ department.	at first
Age of the participants: the youngest was _____	youngest
Students go to _____ once a week.	once a week
Mornings and weekends: free _____ is available.	free

　　恭喜你，又完成了一波审题，聪明的同学应该已经发现，虽然 Level 2 这一堆题看上去句子很长，但是勾画出的考点却和 Level 1 没什么本质区别。所以，只要你对这些高频考点足够熟悉，审题时就能迅速发现考点。

　　当然，除了上面这些高频考点以外，你偶尔还是会遇到一些其他考点。这就需要具体情况具体分析了，来看看下面这些题的考点吧。

Level 3

题目	考点参考	解析
Time of arrival: _____	arrival（到达）	考官可以用"离开"的时间干扰。
Total price: $ _____	total	考官可以用"单价"干扰。
Price: $ _____ per person	per person	考官可以用"总价"干扰。
Cost of Lecture Hall on Sunday evening: $ _____	Sunday evening	考官可以用"其他时间"的价格来干扰。
Visit can include a 30-minute ride on a _____.	30-minute ride	可以用 10 分钟、20 分钟……的其他项目来干扰。
The library closes on _____.	closes	考官可以用"开放"的时间来干扰。
Available for three months from the 1st of _____	1st of	考官可以用 2nd、3rd 等其他序数词来干扰。
Level A: speed about _____ kph	level A	考官可以用 Level B、Level C 的速度来干扰。
Computers must have _____.	must have	考官可以用"不是必须"的事来干扰。
Average price: $_____	average	考官可以用"最高价、最低价"等来干扰。
Name of airport returning to: _____	returning to（返程）	考官可以用"去程"的机场名称来干扰。
Make sure they _____.	make sure	考官可以用"不是必须"的事来干扰。
Intended length of time: _____	intended（计划的，打算的）	考官可以用"非计划情况"来干扰。
Total cost for whole family visit: $_____	total	考官可以用"单人的价格"来干扰。
Tracy thinks she should have done the training in _____ skills.	should have done（本应该）	考官可以用"做过了"的技能来干扰。

恭喜你，走完这一步，你找考点的技能已经基本修炼成型。有了以上技能傍身，你已经能够成功绕开 Part 1 最大的坑了。现在再回头看看你在本课开头做过的那篇题，在"一定一考"的审题法下，它再也不是曾经那个"单纯"的它了。以下是对这篇题进行的"一

定一考"详细分析，请一定认真看完每道题的解析。就算你实在是个急性子，也至少认真看完那些你做错了的题的解析。

注：下划线是定位，圈圈是考点。

JOB ENQUIRY	
About the applicant:	
name: Tracy 1 _____. phone number: 2 _____.	1、2 这类考查个人细节的题，如名字、电话号码、邮编等，通常不会出干扰，基本就是送分题。它主要考查拼写能力，但如果你在这一块出现过问题，请疯狂练习本课最后一小节的"送分题拼写集训"系列。
wants to have a 3 _____ job.	3 定位：问句 Are you...? 考点：wants 解析：full-time job? / No, part-time 　　　　干扰　　　　　答案
present job: 4 _____.	4 定位：问句 what work do you do? 考点：present 解析：waitress a few years ago / manager now 　　　　干扰　　　　　　　答案
has led cycle tours in 5 _____.	5 定位：cycle tours 考点：has led 解析：I've led... France / Italy...has been canceled 　　　　　　答案　干扰
is currently doing voluntary work in a 6 _____ club.	6 定位：volunteer work 考点：currently 解析：I'm...tennis club / before that...cycling club 　　　　答案　　　　　　干扰
special diet: 7 _____.	7 定位：问句 Is there anything you don't eat ...? 考点：special 解析：seafood...?/ I'm a vegetarian. 　　　　干扰　　　　　答案

Interview:	
interview arranged on 8 _____ at 2 p.m.	8 定位：interview 考点：本题无法从题干中判断会有何干扰，因此听题时要小心。 解析：<u>Wednesday</u>...sorry / <u>Thursday</u>...yes. 　　　　干扰　　　　　　答案
will prepare a │ short │ 9 _____ about being a tour guide.	9 定位：问句 could you plan a...? 考点：short 解析：...plan a 10-minute <u>presentation</u> 　　　　　　　　　答案
│ must │ bring a 10 _____.	10 定位：问句 Will I need to bring...? 考点：must 解析：<u>passport</u>...no/ will ask you for a <u>reference</u> 　　　　干扰　　　　　　　　　答案

难点总结

1. 干扰：本 Part 一共有 10 道题，明确给干扰的题竟然有 7 道之多。

2. 定位：有些题的空格前面并没有名词能定位，听题时要借助"问句"或"信号词"。

接下来这件事很重要，只要把它做好，就能发现专属于你的提分关键点。

错题原因分析

请聚焦在你刚才的错题上，仔细回忆当时做错的原因。谨记不要简单归因 —— 走神了。

常见的错题原因通常有以下 3 个，你可以对号入座一下。

定位：漏听题目、找不到答句、错过答句等都是定位时的问题。

干扰：听见答句，却选错了单词，多半是被干扰了。

单词：听见答案词却反应不过来是哪个，或拼写错误等都是单词不熟的原因。

错题分析表			
错题原因	定位	干扰	单词
错题个数			

专项提升指南

既然分析出了错题原因，针对性地解决问题就是专属于你的高效提分方式。以上 3 个问题的解决方案分别如下：

定位：审题训练

干扰：审题训练

单词：雅思专项词汇积累

现在的你，已经将本 Part 的审题、做题方法了然于心，但是，一旦开始自己听题，很可能会被立刻"打回原形"，回归到原有的听题模式中。所以，接下来，请给我 3 篇题的时间，让我手把手地带你在实战中形成这种稳定的"一定一考"审题、做题模式，将"你的所学"彻底地转化成"你的做题习惯"，从此不再靠运气，而是靠习惯稳稳地拿分。

手把手带练篇

为了使学习效果最大化，请你务必按照我精心设计的步骤来练习，始终保持一种高度自觉——你不是单纯来做这 3 篇题的（因为你知道，刷题本身是不能提分的，它唯一的作用是不断地显示你目前的实力和分数）。你要通过对这 3 篇题的 "审题、做题"，充分熟悉考官的出题逻辑，并形成一个稳定的应对模式。

在这 3 篇练习中，请务必踏实地按照以下步骤进行：

① 拿出指定的《剑桥雅思官方真题集》，先认真审一遍题。

暂时不要考虑审题时间是否够用，重要的是准确度。随着做题数量的增多和对考点熟悉度的提升，审题速度自然会快得飞起。要知道，在一个错误的审题模式中，速度再快都是徒劳。

② 审完题之后，对照我给出的"审题参考"，查缺补漏。

这一步至关重要，因为只有认真对照，你才能发现自己在审题中的不足。这个不足就有可能为你在听题时埋下巨大隐患。只有解决了它，你听题的目标感和准确度才能得到大幅提升。

③ 开始听题。

听题时，你要时刻提醒自己：带着目标听题，不要盲听，不要"自嗨"！

④ 参照我给出的"答案与解析"纠错。

⑤ 填写"错题分析表"。

认真分析自己做错的原因，为之后的训练找到一个精准的方向。

第一篇　《剑14》Test 2 Section 1
Total Health Clinic

第1步——审题

翻开《剑14》Test 2 Section 1 第 32 页，认真审题。

第2步——审题参考

对照你的审题，查缺补漏

Total Health Clinic			
	题干定位		考点
1	Contact phone	个人信息题	主要考查拼写能力。
2	Date of birth	个人信息题	主要考查拼写能力。
3	Occupation	从题干中看不出来会怎么出干扰。	一个人可以换不同的职业，所以本题可能会出现干扰，在听题时要有所防备。

4	Insurance company	个人信息题	主要考查拼写能力。
5	problem pain	left	考官可能用"右边"的身体部位来干扰。
6	无定位——关注问句和信号词	began	考官可能用"结束"的时间来干扰。
7	sports	从题干中看不出会怎么出干扰。	一个人可以参加的俱乐部有很多，所以本题可能出现干扰，在听题时要有所防备。
8	无定位——关注问句和信号词	regularly	考官可能用"不经常"做的运动来干扰。
9	Medical history	last year	考官可能用其他的时间来出干扰。
10	medication	no...apart from	双重否定表示肯定，考官可能会用"不吃的药"来干扰。

第 3 步 —— 听题

第 4 步 —— 答案与解析

1. 219 442 9785

> ...can I have a contact phone number?...
> ...it's **219 442 9785**...

定位：contact phone

解析：本题考查数字的听写。如果你对数字的反应不够敏锐，请反复练习本课末尾的"送分题拼写集训"系列，直至能够轻松答写对为止。

2. 10(th) October

…and then can I just check that we have the correct date of birth?…

…**October tenth**, 1992.

定位：date of birth

解析：本题考查日期的拼写，没有给干扰。如果你在这一题拼写出错，请反复练习本课末尾的"送分题拼写集训"系列，直至能够轻松答写对为止。

3. manager

…do you have an occupation…

…Yes…I started off as a waitress there a few years ago and I'm a **manager** now…

定位：occupation

解析：waitress 是干扰，那是几年前的工作了，现在的工作是一个 manager。

4. Cawley

…and that's the name of your insurance company…

…it's **Cawley** Life Insurance, that's C-A-W-L-E-Y.

定位：insurance company

解析：本题考查名字的拼写。如果你在这一题拼写出错，请反复练习本课末尾的"送分题拼写集训"系列。

5. knee

…I've been getting a pain in my **knee**, the left one.

定位：pain

解析：本题考查"左边的"一个身体部位，答案词一定要和 left 紧挨在一起，这道题没有给干扰，难度不大。

6. three weeks

> …So how long have you been aware of this pain?
>
> …It's been worse for the last couple of days, but it's **three weeks** since I first noticed it.

定位：问句 how long...? 提示答案句的到来。

解析：答句中 the last couple of days 也是时间词，很容易造成干扰，但是本题的考点词是 began，答句中的 first 体现了 began，所以答案是 three weeks。

7. tennis

> …So, do you do any sports on a regular basis?...
>
> …Yes, I play a lot of **tennis**. I belong to a club…

定位：sports

解析：本题没有给干扰，所以相对简单。

8. running

> …And do you do any other types of exercise?...
>
> …Yeah, I sometimes do a little swimming, but usually just when I'm on vacation.
> But normally I go **running** a few times a week, maybe three or four times…

定位：问句 do you...? 引出答案句。

解析：本题前面出现的 swimming 干扰性极强，但是本题的考点是 regularly（有规律地，经常地）这个频率词，而游泳的频率很低，只是在度假的时候做，所以不符合考点词的要求。后面的 running 频率很高，一周几次，这个频率才符合考点词 regularly。

9. shoulder

> …So your legs are getting quite a pounding. But you haven't had any problems up to now?...
>
> …No, not with my legs. I did have an accident last year when I slipped and hurt my **shoulder**…

定位：But you... 引出答案句。

解析：原文中两次提到 legs 这个身体部位，非常干扰。其实考点词 last year 所在的句子才是答案句，所以答案是 shoulder。

10. vitamins

...do you take any medication on a regular basis?
... I take **vitamins** but that's all. I'm generally very healthy.

定位：medication

解析：本题并没有给干扰, 但是很多同学对 vitamin /ˈvɪtəmɪn/ 这个单词的发音不熟, 导致听到了答案句, 却不知道答案词是谁。

小结：

①本篇题的定位比较简单，大部分都是空格前面的名词，且都是原词出现，只有3道题的空格前面没有定位词，但在原文中都有出现问句，提示答案句的到来。

②有4道题出现了干扰，但所有的干扰都在审题时完美地预测到了，所以，一个好的审题是做好题的关键。

第5步 —— 错题分析

错题分析表			
错题原因	定位	干扰	单词
错题个数			

第二篇　《剑 12》Test 6 Section 1 Events during Kenton Festival

第 1 步 —— 审题

翻开《剑 12》Test 6 Section 1 第 30 页，认真审题。

第 2 步 —— 审题参考

对照你的审题，查缺补漏

	题干定位		考点
	Events during Kenton Festival		
1	opening ceremony town center	starting at	考官可能会用"结束"的时间来干扰。
2	无定位——关注问句和信号词	从题干上看不出会怎么给干扰。	听题时要小心。
3	无定位——关注问句和信号词 （performance 的词根 perform 是个动词，有被替换的可能。）	从题干上看不出会怎么给干扰。	听题时要小心。
4	Helen Tungate	从题干上看不出会怎么给干扰。	听题时要小心。
5	Evening fireworks	方位词 across the	可能会用其他的方位来干扰。
6	Videos relationships children	从题干上看不出会怎么给干扰。	听题时要小心。
7	Venue	名字拼写	House 首字母大写，空格处要填名字。

8	无定位——关注问句和信号词	从题干上看不出会怎么给干扰。	听题时要小心。
9	venue	从题干上看不出会怎么给干扰。	听题时要小心。
10	tickets box office shops	介词题	答案词会紧挨着 windows 出现。关于"介词题"的做题方法，会在 Part 4 慢慢聊。

第 3 步 —— 听题

第 4 步 —— 答案与解析

1. 2:45

> … there's the opening ceremony in the town center. People start gathering around 2 o'clock… and the events will start at **2:45**, and finish about 5:30…

定位：opening ceremony, town center

解析：人们 2 点开始入场，而 opening ceremony 是在 2:45 开始，5:30 结束。本题用了其他两个时间进行干扰，难度有点大。另外，如果你在做本题时出现了时间拼写障碍，请反复练习本课末尾的"送分题拼写集训"系列，直至能够稳赢为止。

2. band

> …then there'll be a performance by a **band**…

定位：题干没有定位词，容易漏听。原文中使用了信号词 then，提示新话题开始，答案句紧随其后。

解析：如果对答案词 band 的发音不熟，也很容易漏听本题。

3. play

> ... after that, a community group from the town will perform a **play** they've
> written themselves...

定位：题干没有定位词，容易漏听。原文中使用了信号词 after that，提示新话题开始，答案句紧随其后。

解析：空格前面的 performance 对应原文中 perform。

4. scientist

> ... Helen Tungate ... she was a **scientist** years ago...
> ... I'm a biologist, so I've always been interested in her...

定位：Helen Tungate

解析：后面出现的 I'm a biologist 是一个干扰项。

5. river

> ... there'll be a firework display. You should go to the park to watch, as
> you'll get the best view from there, and the display takes place on the
> opposite side of the **river**...

定位：firework display

解析：前面出现的地点名词 park 干扰性极强，但是这句话中没有表达考点词 across the 的方位，后面出现的 opposite 才是，所以答案词是 river。

6. grandparents

> ... produced a number of videos, all connected with relationships between
> children and their **grandparents**...
> ...it makes a change from children and parents...

定位：videos，relationships，children

解析：it makes a change（做了改变）from children and parents，这里面的 parents 干扰性很强，但这是曾经的情况，现在已经做了改变。

7. Handsworth

… the videos are being shown in **Handsworth** House… H-A-N-D-S-W-O-R-T-H. Handsworth House…

定位：无定位。

解析：本题考查单词拼写。如果这一题拼写出错，请反复练习本课末尾的"送分题拼写集训"，直至能够稳赢。

8. traditional

… are there any displays of ballet dancing?

… there isn't any ballet dancing… but there'll be a demonstration of **traditional** dances from all round the country…

定位：题干没有定位词，原文中用问句 are there any...? 引出答案句。

解析：前面的 ballet dancing 干扰性很强，但后面否定了它，随后引出答案 traditional dances。

9. outdoor

… where will that be held?…

… it's in the market in the town center—the **outdoor** one, not the covered market…

定位：本题用问句 where...? 引出答案句。

解析：后面的 covered 很容易造成干扰，但这句话中出现了否定词 not，所以是错的。

10. logo

… I presume I'll need tickets for that…

… yes…either at the festival box office, or from any shops displaying our **logo** in the windows…

定位：tickets，box office，shops

解析：介词题（具体做题方法，咱们下一课详聊），logo 和后面的 windows 紧挨在一起。

小结：

① 本篇题中有 6 道题中都有干扰，如果审题时不提前做好心理预警，听题时很容易进坑。

② 有 3 道题的空格前面没有名词定位，听题时要借助问句或信号词。

第 5 步 —— 错题分析

错题原因	定位	干扰	单词
错题个数			

错题分析表

接下来，咱们来挑战一篇看起来阅读量极大的题。

第三篇　《剑 13》Test 4 Section 1
Alex's Training

第 1 步 —— 审题

翻开《剑 13》Test 4 Section 1 第 76 页，认真审题。

第 2 步 —— 审题参考

对照你的审题，查缺补漏

Alex's Training			
	定位		考点
1	无定位——关注问句和信号词（不能用空格前面的 Alex 或 training, 因为标题中有这两个词。）	at first	考官可能会用其他的时间顺序词来干扰。
2	school（不能用 qualification 来定位，因为它的词根 qualify 是动词。）	didn't have a qualification	本题考查否定。
3	diploma	should have done 是指"本应该做"，意味着"没有做过"。	考官可能会用"做过"的内容来干扰。
4	age trainees	youngest	本题考查最高级。
5	无定位——关注问句和信号词（trainees 再次出现，但用它做定位有点危险。）	the same amount of	考官可能会用"不一样多"的内容来干扰。
6	无定位——关注问句和信号词	one day per month	考官可能会用其他频率词来干扰。
7	company	convenient	考官可能会用"不方便"的地方来干扰。
8	advice interview	don't	本题考查否定。
9	无定位——关注问句和信号词	don't	本题考查否定。
10	无定位——关注问句和信号词	make sure	考官可能会用"不必做"的事情来干扰。

小结：

　　虽然本篇题的阅读量很大，但几乎所有的考点都是我们在"Part 1 高频考点词"里总结过的，只要对它够熟悉，许多句子甚至还没看完，你就应该已经发现了考点。所以审题速度的快慢，很大程度上取决于你对"Part 1 高频考点词"的熟悉程度。

第 3 步 —— 听题

第 4 步 —— 答案与解析

1. Finance

> …what are you doing?
>
> …Now I work in the Customer Services Department, but I did my initial training in **Finance**…

定位：问句出现，引出答句。

解析：率先出现的 Customer Services Department 干扰性极强，但它的时间词是 now，而本题的考点是 at first，原文中 initial（最初的）同义替换，所以这句话中的 Finance 才是答案。

2. maths / math / mathematics

> …didn't do well in my exams at school and I was really worried because I failed **math**…

定位：school

解析：考点词 didn't have a qualification 被 failed 替换了。

3. business

> …did you get a diploma … I'm hoping to do the one in **business** skills.
>
> …yes, that sounds good. I took the one on IT skills, but I wish I'd done that one instead.

定位：diploma

解析：本题的考点是 should have done（本应该做的），也就是没有做过的，而后面的 IT skills 是他做过的，是干扰词。

4. 17 / seventeen

…what about the trainees? …

…we were all around the same age — I was 18, and there was only one person younger than me, who was **17**. The rest were between 18 and 20.

定位：trainees, age

解析：本题考查最高级，原文中出现了许多数字，你要选择最小的那个。

5. holiday(s) / vacation(s)

…what about pay? … you get a lower minimum wage than regular employees.

…that's right — which isn't great. But you get the same number of days' **holiday** as everyone else…

定位：问句出现，引出答句。

解析：前面先用了 a lower minimum wage 来干扰，后面出现了考点词 the same number of 替换了考点词 the same amount of，所以答案是 holiday。

6. college

…do you have to spend any time in **college**?

…yes, one day each month…

定位：问句出现，引出答句。

解析：本题考查频率，没有出现干扰。

7. location

…and the company is easy to get to, isn't it?

…yes, it's very close to the train station. So, the **location**'s a real advantage.

定位：company

解析：a real advantage 替换了考点词 convenient。

8. jeans

> …I am not sure what I should wear. What do you think?
>
> …Nothing too casual — like **jeans**, for example. If you've got a nice jacket, wear that with a skirt or trousers…

定位：问句出现，引出答句。

解析：本题考查否定词的替换，nothing 替换了考点词 don't，但里面的 casual 是个形容词，所以不能填，要填名词 jeans。之后出现的 jacket、skirt、trousers 都是鼓励你穿的，所以都是干扰。

9. late

> …any other tips?
>
> …arrive in plenty of time. They hate people who are **late**…

定位：问句出现，引出答句。

解析：原文中的 they hate… 替换了考点词 don't be。

10. smile

> …and one other useful piece of advice my manager told me before I had the interview for this job is to **smile**. Even if you feel terrified…

定位：信号词 and one other… 出现，引出答句。

解析：本题没有给干扰，相对简单。

小结：

①本篇题阅读量巨大，想要解决审题速度的问题，需要对"Part 1 高频考点词"熟悉。

②有 6 道题的空格前面都没有名词定位，得借助问句和信号词定位，所以，一定要训练对这两种定位方式的敏感度。

③有 5 道题出现了干扰。听题时，一定要时刻聚焦在考点词上，目标清晰才能扛住干扰。

第 5 步 —— 错题分析			
错题分析表			
错题原因	定位	干扰	单词
错题个数			

陪练到此为止，相信通过上面 3 篇题的练习和纠错，你已经基本摸清了 Part 1 的出题套路。

如果你在做 Part 1 时已经能够稳定地做对 9~10 道题，那么别再浪费时间，直接开始下一课的学习吧。如果你的正确率还达不到 9~10 道，那么请回到剑桥雅思真题中，按照我们的"一定一考"法，继续练习本 Part，直到做题时不会再出现"错过定位"和"被干扰"这两种情况，即表示你已熟练掌握了本 Part 的出题思路，剩下的一两个错题可能就是因为"单词不熟"，这就得靠提升词汇量了。

送分题拼写集训

只要你能搞定接下来这一小部分，保守估计能帮你在考试中提升 0.5～1 分。

Part1 通常的话题场景，就是一个人给别人打电话咨询事情。比如，给酒店前台打电话预订房间、给求职中介打电话咨询工作、给某个机构打电话咨询课程等。在咨询过程中，总避免不了需要登记一下个人信息（姓名、家庭住址、邮编、电话号码、信用卡号等）、约一个见面的时间、了解一下价格等等。

这些题的答案，你通常都听得超清楚，可谓是绝对的送分题，无奈的是自己反应速度跟不上，写了前面忘了后面，然后眼睁睁地看着"到手的鸭子飞掉了"。

答应我，在这个最简单的部分千万别掉链子，抓住它，你就能立刻提分。

有些同学英文实力很强，觉得自己这部分没太大问题。为了节省时间，你可以先来做个测试，然后只挑选你出错的部分进行单项强化即可。如果完全没有出错的同学，可以直接跳过这一部分，继续往后学。

听写测试

①请将你听到的时间、数字、名字、邮编、价格等信息填写在对应的题号中。
②听写完成后，对照后面的参考答案纠错。

1.	2.	3.	4.
5.	6.	7.	8.
9.	10.	11.	12.
13.	14.	15.	16.
17.	18.	19.	20.

单项强化训练

接下来梳理一下高频考查的那些"送分题"。

注意，这一部分强调的是拼写的准确度和速度，所以，光听懂了还不算数，你必须要落实到笔头上。要确保在听到它的第一时间能够迅速且准确地写下来，但凡有所犹豫，即表示还不够熟练，需要反复练习。要知道，在正式的听题过程中，原文的速度很快，如果你的拼写速度太慢，很可能导致漏听之后的题。所以，请你反复练习下面的内容，直至能够轻松地将其全部写对为止。

扫码听题

名字拼写

1.	11.
2.	12
3.	13.
4.	14.
5.	15.
6.	16.
7.	17
8.	18.
9.	19.
10.	20.

扫码听题

时间

对各类时间的考查，基本是 Part 1 的标配，但是大家常常在这个看起来简单的部分拿不到分，要么是被干扰了，要么是单词拼不对，要么是对时间的表达方式不熟。

注：一定要确保拼写的准确度，写全拼，不要写缩写。

1.	21.
2.	22.

3.	23.
4.	24.
5.	25.
6.	26.
7.	27.
8.	28.
9.	29.
10.	30.
11.	31.
12.	32.
13.	33.
14.	34.
15.	35.
16.	36.
17.	37.
18.	38.
19.	39.
20.	40.

扫码听题

数字

各类数字如邮编、电话号码、价格、百分比、证件号码等，也是高频考查内容，要确保速度和准确度。

1.	21.

2.	22.
3.	23.
4.	24.
5.	25.
6.	26.
7.	27.
8.	28.
9.	29.
10.	30.
11.	31.
12.	32.
13.	33.
14.	34.
15.	35.
16.	36.
17.	37.
18.	38.
19.	39.
20.	40.

听写测试参考答案

1. DG45PH	2. Thursday	3. $115	4. Charlton
5. 219 445 9785	6. 2:45 p.m.	7. £4.5	8. 75,000
9. January 15	10. 15 years	11. 89775 46201	12. £23.70
13. Pargetter	14. GT82LC	15. £319	16. Milperra
17. 23 October	18. 12,000	19. 478600 57325	20. 1983

名字拼写参考答案

1. Alton	11. Ardleigh
2. Harris	12. Bythwaite
3. Grantingham	13. Buckleigh
4. Pallisades	14. Jerriz
5. Miperra	15. Staunfirth
6. Gormley	16. Arretsa
7. Maureen	17. Remington
8. Kaileigh	18. Finnley
9. Maxwell	19. Barrett
10. Harrison	20. Madeleine

时间参考答案

1. October 21	21. 2.45 / 2:45
2. May 1, 1998	22. 4.30 / 4:30

3. June 2	23. 12.15 / 12:15
4. January 13, 1987	24. 9.45 / 9:45
5. February 24	25. 8.30 / 8:30
6. April 18	26. 11.15 / 11:15
7. 22 September	27. midday
8. 31 March, 2012	28. midnight
9. November 25	29. 9-9.30 / 9-9:30
10. July 23	30. 3.45 / 3:45
11. August 11	31. 2 weeks
12. December 21	32. 1.5 years
13. October 10	33. 15 years
14. Tuesday	34. 4 months
15. Friday	35. a year
16. Thursday	36. 2.5 years
17. Wednesday	37. 3 days
18. Saturday	38. weekends
19. Sunday	39. weekdays
20. Monday	40. a week

数字参考答案

1. 1.5 million	21. 794 004 2578
2. 4,500	22. 8842 7609

3. 21,000	23. 5222 48376
4. 419	24. 907 5895 6490
5. 850	25. 9934 89074
6. 50%	26. 254 807 8639
7. 12,000	27. 523 6655 890
8. 115	28. 1276 8904 5674 2203
9. 370	29. 5608 7444 5673 2901
10. 20%	30. 238 7890 4573
11. 500,000	31. 2280 5665 272
12. 12.5%	32. 6588 9043 601
13. 190	33. 3899 769 0322
14. 14	34. 7839 0022 453
15. EG78PH	35. 3335 6080 9933 6720
16. PE93QT	36. 282 9347 5802
17. GT56CL	37. 173 9400 0837
18. AC935T	38. 8367 903
19. JR6337	39. 1190 234
20. XT809Y	40. 67399 383

JOB ENQUIRY 听力原文

Mike: Hello, Bankside Cycling Holidays, Can I help you?

Tracy: Oh hello. I've seen the advert on your website for people to lead cycle trips. Are you the right person to speak to?

Mike: Yes, I am. Could I have your name, please?

Tracy: Tracy Grenville.

Mike: Let me write that down — Tracy…

Tracy: Grenville G-R-E-N-V-I-L-L-E.   Q1

Mike: Great. And can I have your contact number?

Tracy: It's 218 335 7042.   Q2

Mike: Thank you! Ok. Are you looking for a full-time job, Tracy?

Tracy: No, part-time. I have a full-time job. But I've got some spare time and I love   Q3
            cycling, so I'd like to do something related to it after work.

Mike: Ok, what work do you do?

Tracy: Well, I work in Helen's Restaurant. I started off as a waitress a few years ago,   Q4
            but I'm a manager now. I've been working there for more than 6 years.

Mike: Oh, I think I know that restaurant. It's down on Riverside Street, isn't it?

Tracy: That's right.

Mike: Yeah, I've been there a few times, and I love it.

Tracy: That's good to hear.

Mike: Right, so have you got any experience of leading cycle tours?

Tracy: Yes, I've led some bike tours in France. The trip to Italy that I had arranged to   Q5
            lead in October has been cancelled, so I decided to apply for the job as soon as
            I saw your advertisement for tour leaders.

Mike: We've got a tour coming up soon in Spain which is so popular that we need an
            additional leader. It's a cycling tour for teenagers. Have you got any experience
            with that age group before?

Tracy: Yes, I love working with teenagers. At the moment, I'm doing a voluntary   Q6
            work in a tennis club where most of the members are between 12 and 18. And
            before that I helped out in a cycling club where I taught beginners.

Mike: That sounds great. And one last thing, we are very careful about the food we
            are offering. Is there anything you don't eat or have you got any sort of food
            allergy, like seafood…?

Tracy: Oh, right. I'm a vegetarian. Would that be a problem?   Q7

Mike: No, as long as we have enough notice, we can deal with that. In fact, we usually have one or two people who don't eat meat on each team.

Mike: OK. Sounds like you are perfect for this job. I could arrange an interview if you are still interested.

Tracy: That would be great.

Mike: So, when could you come for the interview? How about Wednesday afternoon, say 2 o'clock? Would that be possible for you?

Tracy: Wednesday afternoon... Oh sorry, I'm afraid I couldn't make it because I've got a very important meeting that afternoon. <u>How about Thursday?</u> Q8

Mike: <u>Yes. That would be fine.</u> Let me write that down. And at the interview we'd like to find out about your experience of being a tour guide, so <u>could you plan a 10-minute presentation about that, please</u>? You don't need to get stressed about that. Just tell us something about the tours you have led. Q9

Tracy: Right, I'll start thinking about that. Will I need to bring my passport or anything like that?

Mike: Oh no, we don't need to see that. <u>But we will ask you for a reference</u>, you know, just someone who knows you and can vouch for you. Q10

Tracy: Yes, no problem.

Mike: Good. We are looking forward to seeing you.

Tracy: Thanks very much for help.

Mike: You're welcome. Goodbye.

Tracy: Bye.

Unit 2

填空题之 Part 4

—— 披着狼皮的羊

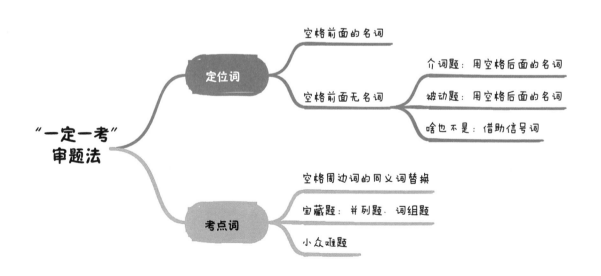

Unit 2
填空题之 Part 4 ——披着狼皮的羊

Part 4 做题的感觉通常是这样的!

好端端一个 Part 4,怎么就做得人心率都不齐了呢? 从最开始的屏住呼吸、心跳加速,到最后的放弃抵抗、呆滞麻木。我懂你的感受,这也不能全怪你,毕竟 Part 4 的气场之强大,就算是高手见了也得敬它三分。作为压轴选手,这个 Part 太知道怎么造势了。想要拿下它,唯有识破它的那些心机,越过表象,方能直击本质。

Part 4 的造势手段

1. 独白

Part 4 通常是一个教授的讲座或是一个学生的报告,从头到尾都是一个人的滔滔不绝。管你听不听得懂,先把你念烦再说。想要不走神,真得看缘分。可气的是,它还是唯一一个不分成两段做题的 Part,也就是说,你得憋住一口气,连续听完 10 道题,这极其考验"肺活量"。

2. 话题生僻

作为一个纯聊学术的 Part,它动辄就跟你唠唠纳米科技、海洋生物、环境科学、脑神经科学、考古学、哲学、艺术等，听起来十分高深莫测。一旦听不懂，连猜的机会都不给你。当然，深奥不是人家的问题，怪也只能怪自己读书少。

想要直观感受 Part 4 这个"造势小能手"的厉害，咱们先来做篇题感受感受。

> 翻开《剑 13》Test 4 Section 4（第 81 页）
>
> 题目：The History of Coffee
>
> 第一步：找到音频，自己做题。
>
> 第二步：对答案。
>
> 第三步：不要去看原文，先丢下这篇题，跟着我来看 Part 4 的本质！

刚才做题时，有没有出现以下两个状况，你可以对号入座一下。

①听着听着就跟丢了，不知道讲到哪里了，等回过神来，好几道题都错过了。

②借助了定位词，貌似也听到了一些答句，但就是在答句中找不出答案词，眼睁睁看着答案句在眼皮底下溜走。

在这个看上去很难的 Part 里想要拿高分，心态很重要。也就是说，你首先不能退缩，不能被其表象吓到。相信我，一旦掌握了 Part 4 的出题套路，你完全可以在这个部分轻松拿高分。之所以有底气这样讲，是因为在长达十年的教学中，我发现了一个非常"诡异"的现象 —— 在学完了所有题型之后，许多实力不错的同学在做套题测试时，Part 4 的正确率甚至常常高于 Part 1，至于为什么会这样，学完这一课后你就通透了。但这个现象本身给我们带来了一个警示 —— 千万不可小觑 Part 1 的难度（干扰太强），同时，也完全不必夸大 Part 4 的难度。

那么，要想不被 Part 4 的表象吓倒，你得先识破它的伪装，让真相浮出水面。

1. 真相揭露 No. 1: 答案词并不难

先认真看看下面的这 80 个单词，圈出你不熟的单词（包括发音不熟、拼写不熟），算一下比例（不熟的单词个数 ÷80）。

oil	mud	shelter	local	habit	therapy	creativity	grandmother
water	clay	power	wealth	rats	fitness	practical	publication
soil	metal	textile(s)	brain	decade	balance	equipment	technology
dry	hair	insects	basic	spice(s)	choices	economic	newspapers
women	bath(s)	grass(es)	round	colony	negative	irrigation	capitalism
wire(s)	fish(es)	salt	bone	simple	disease(s)	isolation	depression
seed(s)	bees	tax	rough	science	perfume	movement	motivation
posts	design	play	style	brain	transport	machines	opportunity
roads	fat	logic	sheep	balance	practice	windows	advertising
nest(s)	head	smell	forest	obesity	calories	lighting	preservation

　　以上是《剑15》和《剑16》两本书里 Part 4 的所有答案词（乱序统计）。有一说一，单词本身并不难。假设你有 20% 的单词不熟，也就意味着另外 80% 的单词你都是 OK 的，那你在 Part 4 的答题正确个数应该稳定在 8 个左右。可在实际做题时，你的正确个数却远低于 8 个，这是为什么呢？问题的根本也许并不在单词上（部分词汇量太少的学生除外），而是你压根儿就没听对地方。

2. 真相揭露 No. 2："考查的内容" 和 "这篇题所涉及的专业话题"关系不大

　　在本 Part 做题，如果总是想着要听懂每句话的意思，那你从方向上就走偏了。你要明白一个底层逻辑，雅思考试本质上只是个语言能力测试，并不会"高级"到去考查你某个专业领域的知识 (考古学、纳米科技、海洋能源⋯⋯)，这一点，从上面的答案词也能看出来。所以，如果你去听那些讲得特别专业的句子，自己的实力又撑不住的话，就很容易卡在上面，导致漏听那些真正有用的答案句。为了方便理解，咱们来看个例子你就明白了。

　　　　题目：2020 年是 _____ 的一年。（请在空格处填写一个形容词。）

听力原文：2020 年伊始，随着新型冠状病毒的肆虐，注定了这是艰难的一年。这种病毒有包膜，颗粒呈圆形或椭圆形，直径 60~140nm，因为有冠状外观而得名。

答案：艰难

上面这道题，你细品：定位词 2020 出现以后，你不过就是想听一个可以修饰它的形容词而已。至于最后那一句关于病毒的解释，听起来确实很专业、很高级、很难，可它和答案词没关系啊！所以听题时，随便听听就行，别太较真儿。你一旦较真儿了，里面的"包膜""颗粒""直径"这些词一个没听懂就卡住了，直接导致漏听下一题，你在心里可能还会为它神助攻 ——"看吧，不愧是 Part 4，这么难，我肯定听不懂。"但其实，原文中后面这句话对做题一点用都没有。

所以，做题时要灵活，该听的地方认真听，不该听的地方别太走心。只要你能放下执念（非要听懂才能做题的执念），就能"原地长分"。

搞清楚以上这两个本质，是不是多少释怀了一些？调整好心态，跟着我稳稳地高分拿下这个 Part。

> 插播一条：不论你最终是打算参加机考还是笔试，在最开始几篇练习题中，都尽量按照下面的方式对题目做好标记，这些标记是为了让你更加直观地看见题目的重点。等你熟练地掌握了这些审题重点后，在今后的做题时，就算你在审题时不做任何标记，也能够迅速发现每道题的听力目标。

"一定一考"法在 Part 4 的应用

一、找定位

定位的重要性，上一课大概也就强调了三百遍。那么这一课是不是就可以跳过了呢？非也！这一课，不仅要讲，还要大讲特讲！！！

在 Part 4 整篇原文中，大部分的句子其实根本不用听懂。能不能去其糟粕取其精华，就要看你的定位能力如何了。

定位怎么找？

（一）空格前面的名词

e.g. ...had a semicircle of large stones round a _____.《剑 14》Test 4 Section 4 第 31 题

空格前面的 semicircle 和 stones 都是名词，直接画出来做定位。它俩要是没出现，本话题就还没开始。它俩中的任何一个要是出现了，意味着这个话题开始了，竖起耳朵来，通常紧随其后的一两句话就会出答案。

有了定位这种好东西，听原文的感觉就变成了这样

They had wells for fresh water, many of their houses were built around a courtyard and were constructed of stone. The village contained an impressive monument: seven half-tone stones standing in a semicircle around a spring, that
定位词　　　　　　　　　　定位词　　　　　答案句
might have been used for ceremonial purposes.
答案句

定位词这种"神仙单词"，能极大地过滤掉原文中那些没用的句子，将你的核心精力锁定在定位词之后那一两个关键句子里。

作为一个（杠精）谨慎的人，你一定又会质问我：万一答案词出在了定位词前面怎么办？俗称答案前置。

首先，你要冷静，扪心自问一下，你找的定位词是否真的在空格的前面，你要是一不小心把空格后面的名词当成了定位词，造成了漏听，那就不能怪定位词了。

其次，所谓的答案前置的题其实十分罕见，而且大部分出现了这种前置现象的题，都是介词题和被动题（不慌，之后会细说），你在审题时完全可以有所准备。

说这么多，是为了要给你吃颗定心丸 —— 一定要相信定位词的定位能力，不要心存疑虑。听题时，如果定位词迟迟没有出现，一定要稳住，要相信它，不然就容易慌神。一慌，就容易四处乱看乱听，就是这种时候最容易漏题。

（二）空格前面如果没有名词，拿什么来定位？

首先，心态要稳。Part 4 的题干一般都很长，想要在空格前面找出一两个名词是很轻松的事。只有极少量的题（大概 1~3 道题）在空格前面找不出定位词，就算真的听漏这一两个题，也不影响你考个 8 分。另外，如果空格前面没有定位词，以下两种情况下可以借助空格后面的词做定位。

1. 介词题

- 题目：Do not get much _____ in acoustics.《剑 12》Test 8 Section 4 第 37 题
- 原文：Apart from studying the basics of <u>acoustics</u>, these people receive very little <u>training</u> in this area.

空格中要填的名词和后面的 acoustics 中间用一个介词 in 隔开了，它俩合在一起就是个<u>名词短语</u>。类似的短语通常有以下两个特征：

（1）必须紧挨在一起才"舒服"（通常就在同一句话中）。

（2）喜欢颠倒顺序。

所以，上面这个例题中，虽然空格前面没有名词作定位词，但你可以把空格后面的 acoustics 当作定位词。并且由于介词题中的两个名词喜欢紧挨在一起，所以听题时，你就重点关注 acoustics，在它附近选一个可以和它搭配起来的名词就好了。

介词题几乎出没于 Part 1 和 Part 4 的每一篇题中。你需要做的就是训练出一副好眼力，能迅速识别出它们，如以下三个题：

- can go out and see the _____ in the garden.
- the _____ of retrieval affects the strength of memories.
- will be created in the _____ at Mullbery.

2. 被动题

- 题目：_____ is used for short distance communication, acoustic waves for long distance.

  《剑 14》Test 4 Section 4 第 36 题

- 原文：For <u>short distances</u>, AUVs can share data using <u>light</u>.

空格后面的 is used for 是被动语态，原文中通常会变为主动语态，且前后顺序颠倒，所以可以借助空格后面的 short distance communication 来定位。

3. 以上两种都不是，听题时关注信号词。

如果空格前面没有名词，而且从空格后面看也不是介词题或被动题，这类题就是很难定位的题了。但考官通常还是会出于"人道主义"，在给答案句的时候用一些信号词来提示。

表示并列的词	and, also, then, or, another, Anything else? Is that all?
表示转折的词	but, instead, however, anyway
表示强调的词	in fact, actually, in particular, especially, specifically, so

好了，有了对定位 360 度全方位无死角的解析后，相信你现在一定……有点晕。让我来简单总结一下：

找定位的方法	
空格前面有名词	用名词
空格前面无名词	1. 介词题 —— 用空格后面的名词
	2. 被动题 —— 用空格后面的名词
	3. 啥也不是 —— 借助信号词

关于定位我还有话说，哈哈哈……是有点烦啦，但是本着对你负责的态度，必须啰唆。

①听题时要同时关注两道题的定位词，如果这道题听漏了，一旦听到了下道题的定位词，就立马做下一题，及时止损。

②Part 4 的心理战：那些没有出题的句子，可能会"作妖"。

下面这段题目随便看看就行，重点是看后面的解析。

《剑 14》Test 1 Section 4 第 36~37 题

Planned tidal lagoon in Wales:

·will be created in a 36 _____ at Swansea

·breakwater (dam) containing 16 turbines

·rising tide forces water through turbines, generating electricity

·stored water is released through 37 _____, driving the turbines

 in the reverse direction

36题和37题之间有两句话没有出题，这种地方就是考官最喜欢跟你玩心理战的地方，他/她有可能在这种你觉得不重要的地方跟你大聊特聊，然后你可能就开始怀疑自己是不是已经把37题听漏了，从而陷入恐慌。为了防止这种"意外"的发生，你需要关注一下那两句话里面的名词，一个个听考官念完，再开始听37题的定位词。

牛刀小试

在对定位有了全方位的了解后，咱们接下来练一练。下面10道题，请你找出定位词，并用下划线标记出来，再参照后面的"定位参考"，进行对比。

温馨提示：想要体验飞一般的审题速度，就请放下翻译的执念。

题干
1. The target is for 100% of the country's electricity to be generated from _____.
2. These are examples of the intersection between academic research, _____ and business.
3. However, he was critical that the government's deeds did not match its _____.
4. Dynamic Earth is an attraction in Edinburgh that allows visitors explore the science and _____.
5. Researchers warn that the newly discovered _____ could already be under threat from climate change.
6. Carbon dioxide absorbed by the ocean is making it more _____.
7. The team also found approximately _____ new species.
8. We can still say we have great maps of the _____ of the Moon.
9. If those cities are damaged by destructive _____, those fish have nowhere to spawn.
10. The project involved _____ from 13 countries.

定位参考	
1. target, 100%, country's electricity	6. Carbon dioxide, ocean
2. examples, intersection, academic research	7. team
3. government's deeds	8. maps, Moon（介词题）
4. Dynamic Earth, Edinburgh, science	9. cities
5. Researchers	10. project, 13 countries（介词题）

恭喜你，通过上面的训练，你找定位词的能力和速度一定都有了提升。但是关键的问题来了：虽然借助定位词听到了答案句，但你却还是很难在答案句中找到正确的答案词。而这一步做得好不好，才是"高手"和"平民"之间的分水岭！

二、找考点

可以毫不夸张地说：<u>一道题的存在，就是为了承载一个考点。</u>

之前咱们已经说过，本 Part 的意图不是考查你在某个专业领域的知识。

那它究竟想考什么呢？

给我一道题的时间，让你看清 Part 4 的本质。

题目：The floor is built on huge pads made of _____.

原文：The floor's supported by ten massive pads. These are constructed from rubber.

《剑 11》Test 2 Section 4 第 37 题

我们来玩一次"连连看"。

题目：　　The <u>floor</u> is built on huge pads made of rubber_____.

原文：　　The <u>floor</u>'s supported by ten massive pads. These are constructed from rubber.

聪明的小伙伴应该可以找到两个重点：

① 空格前面的名词 floor、pads 都是原词出现的，作为定位词，它俩很靠谱。

② 除了俩名词以外，其他词全部被同义词替换了。

如果要你在听题时把整句话的同义词替换全部听出来，确实有点太为难了。但是机智的你，应该也发现了，其实，<u>在听到定位词后，只要聚焦在空格周边的一两个词上，努力听到它们的替换词，也可以轻松找出答案的。</u>

> 上题的简易审题版，应该是下面这样的：

...floor... pads...made of _____.

> 简易听题版，应该是下面这样的：

...floor...pads...are constructed of _____.

所以，这个看起来讲得很专业的句子，其核心不过就是考了个 be made of 与 be constructed of 的同义替换罢了。那么请问，<u>这对同义词和这篇话题所讲的专业真的有很强的关联性吗?</u> 并没有，它们就是咱们日常生活中天天唠嗑儿都会用的词，可以被放到任何一个专业场景或生活场景中作考点。那么，这个所谓的 "专业话题"，不过只是载体罢了，目的只是为了承载这对 "同义词" 考点而已。<u>所以听不听得懂话题内容不重要，重要的是，能不能听出里面的这对 "同义词替换"。</u>

猝不及防，来个总结。

（一）Part 4 的核心考点：空格周边词的同义词替换

为什么是空格周边呢? 因为大部分对空格修饰作用强的词都在空格附近。

既然你已经知道这是 Part 4 想考查的核心，那审题时又何苦将大量时间花在翻译这种最没有效率的事情上呢? 你需要做的，就是重点关照一下空格周边的一两个可以替换的词。如此，你才能跳出翻译的枷锁，体验飞一般的审题速度。

了解了这个底层思路，咱们来一波审题练习。请以最快的速度圈出下面题目中的考点词。审完题之后，对照后面的 "考点参考" 自行纠错。

题目
打个样：
Prices dropped because of ⎡better⎤ _____.
1. Scientists believe that it has unusual _____.
2. International companies must improve their _____.

3. increasing need for managers to provide great _____.

4. pay special attention to the _____ of their customers.

5. Smartphones will be even smaller, faster, and will have a greater _____.

6. had sufficient _____ in the air.

7. California study: taking place on a large _____ .

8. A structure that is more _____ may create a feeling of uncertainty.

9. The pandemic has led to a temporary _____ in greenhouse gas emissions.

10. However, other countries — such as _____ — have passed legislation with the same goal.

11. They also don't rely on _____, which is where countries can pay for emissions to be reduced elsewhere.

12. Much progress has been made, but the hardest _____ are still to come.

13. There are now more than _____ electric vehicles.

14. Farming unions say it is important that _____ are not rushed through.

15. Scientists said that a number of _____ were required while building the bridge.

考点参考	
1.	unusual
2.	improve
3.	great
4.	pay special attention
5.	greater
6.	sufficient
7.	large
8.	more
9.	temporary
10.	such as
11.	don't rely on
12.	hardest
13.	more than
14.	important, not rushed through
15.	a number of

现在请把目光聚焦在"考点参考"上，仔细看看这些考点词，你有什么感受？Part 4 表面上看起来像"豺狼虎豹"，实际考查的不过是一些常用词的同义词表达。而且，这些考点词是非常具有普适性的，它们可以被放在任何一个生活或学术场景中去考。所以，Part 4 真心没有想要考验你是否了解纳米科技、海洋生物、环境问题、考古学……看清了 Part 4 本质的你，有没有如释重负？

除此之外，填空题中还藏着一些宝藏题，一旦你发现了它们，基本就是十拿九稳的送分题，并且这类题的题量还真不少。

（二）宝藏题

1. 并列题

The song is performed by piano and _____.

Problems: they were heavy and _____.

上面两个题，只看空格周边，你就能轻松预测答案词的方向。

...piano and _____ 　　　一个和 piano 并列的乐器

...heavy and _____ 　　　一个和 heavy 并列的形容词

这类并列结构题之所以简单的原因有二：

（1）在原文中通常按顺序出，不会倒序，所以很容易定位。

（2）答案词的词性和属性与 and 前面的词类似，听题时的方向性很明确。

但是并列题还是会小小考验一下你的耐力，因为它通常会以下面两种形式给出答案。

① 常用给答案方式

题目：...piano and _____

原文：...piano (blah blah...) and also the violin.

为了"吓唬"你，考官在原文中并不会直接把 piano and violin 读给你，而是会在读完 piano 以后，对 piano 进行赘述，这个赘述内容较多，你就有可能开始怀疑自己把答案词听漏了，但其实这只是考官跟你打的心理战而已。想要清晰地听见并列题的答案词，你需要聚焦在一个并列连接词上，如 and、also、as well as、another、the other 等。它们出现，才意味着答案来了。

②偶尔给答案方式

题目：...carried out into <u>structures</u> and _____.

原文：...<u>buildings</u> and <u>tools</u>

偶尔的偶尔（小概率事件），你也会遇到上面这种出题模式。考官把空格前面的 structures 替换成了 buildings，所以，如果你太聚焦在 structures 这个原词上的话，有可能会一不小心漏听答案。虽然这类题的"杀伤力"挺大，但并不经常出现。

2. 词组题

除了并列题以外，词组题也是一类非常容易听见答案的送分题。这类题的特色就是：答案词与空格前 / 后的一个名词组合在一起，形成一个词组。比如下面这些题。

题目：movement of sand, etc. on the _____ of the **ocean** may be affected.

《剑 14》*Test 1 Section 4 第 36 题*

原文：*Another drawback is that sand and other sediment* on the **ocean floor** *might be stopped from flowing normally.*

题目：festival will include his music for the **1996** _____.

《剑 14》*Test 3 Section 4 第 40 题*

原文：*In our third concert, Vine will be represented by his music for the flag hand-over ceremony of* the **Olympics** *held in 1996.*

题目：Businesses may need to offer **hours** that are _____.

《剑 10》*Test 2 Section 4 第 37 题*

原文：*Businesses are having to compete for staff instead of being able to choose among a lot of applicants. Typical examples that will attract and retain staff are traditional ones like* **flexible hours** *and something that has been made possible by advances in technology — remote working.*

词组题在给答案时的特点：

（1）倒序：答案词和空格旁边的名词通常会调换顺序。

（2）挨在一起：答案词和空格旁边的名词通常会在同一句话中出现，离得很近。

并列题和词组题之所以是送分题，是因为在听它们的答案时，你不需要去听任何同义词的替换。但想要拿下这些送分题的前提是，你需要在读题时迅速识别出它们，这就需要你在日常练习中下意识地多关注它们。

（三）小众难题

堂堂一届 Part 4，必然是会出现个别难题，以此来拉开"贫富差距"。比如下面这道题：

The _____ of the bird was of average size.

上面这道题，空格前面既没有定位词，也没有考点词，当你在原文中听见空格后面的信息时，通常就已经错过了答案。面对这类题，你在审题时要有所预警，要提前翻译理解这句话，精准地预测空格要填的答案词方向。

翻译完上面这道题，我们大致可以预测，答案应该是这个鸟的一个身体部位或者器官。这时候听题才能对答案词提前有预警，而不是等到听见后面的 average size 再去回忆前面出现了什么答案词。

总的来说，这类空格前面既没有定位词又没有考点词的题是极少数的，在有限的审题时间内去翻译这一两道题，压力并不大。

最后，我们需要对"找考点"这项重要任务，来一次复盘。

3 大考点	
1	空格周边词的同义词替换
2	宝藏题：并列题和词组题
3	小众难题

看清了 Part 4 本质的你就会明白，对于大部分的题，审题时其实只需要重点关注空格周边，即可发现该题的考点。一旦熟练地使用了这个套路，你将不再受限于翻译，不仅审题速度提升，听题也能更精准。

所以，要想提升 Part 4 的准确率，根本方向有 3：

（1）积累常见的同义词替换。（这是想要提升 Part 4 正确率最关键的一步）

多做些题你就会发现，Part 4 考的许多同义词替换，都是反复出现的。如下面两道题。

The floor is built on huge pads made of _____.

《剑 11》Test 2 Section 4 第 37 题

Marzamemi, Sicily: found ancient Roman ships carrying architectural elements made of _____.

《剑 4》Test 4 Section 4 第 35 题

虽然这两道题来源于不同的话题背景，但其本质都是要考查 made of 的同义词替换。

所以，做完一篇 Part 4 后，一定要再多听几遍，把里面出现过的同义词替换都积累下来，并单独摘抄到笔记本上的一个专门区域，方便归纳和复习。这个动作一方面积累了高频替换词，一方面还培养了听同义词替换的思维习惯，为下一次做题打下稳稳的基础。

（2）熟悉宝藏题的样子。

我们都知道宝藏题是送分题，但你需要保证在遇到它的一瞬间就能认出它来，才有可能在做题时轻松拿下。

（3）提升对小众难题的辨识度。

看见那些考点不明确的题时，要立刻动用实力去翻译理解，预判答案词的方向。

看清了 Part 4 的本质，相信你现在已经跃跃欲试了。那就让我们再回到本课开头做的那篇题 The History of Coffee, 看看它的本质吧。

用"一定一考"法简单归纳其出题思路

The History of Coffee		
	原文定位	考点
1	1623/Constantinople	空格周边词的同义词替换： ordered —— demanded
2	shops	空格周边词的同义词替换： were compared to —— a similar function
3	无定位，容易听丢	宝藏题之并列题：social and _____ social movements and political developments
4	types of coffee/named（词根是名词）	小众难题：空格前面没有好的考点词。 翻译理解可得出，空格处需要一个地点名词 定位词 types、names 出现之后的地点名词：Mocha、Java、port、Europe, 其中只有 port（港口）符合这个语境。

雅思听力月提 2 分全计划

72

5	Brazil/Caribbean	空格周边词的同义词替换： most…depend on —— almost all
6	Java	空格周边词的同义词替换： was used as —— was used as（原词出现） a form of —— a means of
7	无定位，容易听丢	空格周边词的同义词替换： almost as important as —— nearly as important as
8	无定位： move/consumption 的词根都是动词，容易被替换，不能做定位	宝藏题之介词题：_____ in Britain 原文中先出现 Britain，之后的句子中才提到了答案词 tea。
9	prices	空格周边词的同义词替换： improvements —— had been developed
10	industrial workers	空格周边词的同义词替换： help them to work at —— had to continue throughout

---

通过对上面这篇题的分析，我们能看到 Part 4 的本质

1. 定位词很靠谱，我们要对定位词有基本的信任。有个别题的空格前面没有名词来定位，这种题有漏听的风险，一定要对其考点很敏锐。

2. 考点中考查"空格周边词的同义词替换"是"主咖"，但是同义词替换的难度并不大，大都是生活中的常见词汇，与文章的专业话题背景关系不大。

接下来这件事很重要，只要做好了它，就能发现专属于你自己的提分关键点。

错题原因分析

请关注一下你的错题，仔细回忆当时做错的原因。

常见的错题原因有以下四个，你可以对号入座一下。

定位：漏听题目，找不到答句或错过答句，不知道听到哪儿去了。

空格周边词的同义词替换：听到了答句，但没找出答案词。

宝藏题：并列题、词组题做错。

单词：听见了答案词，但对这个单词的发音不熟或者出现拼写错误。

错题分析表				
错题原因	定位	空格周边词的同义词替换	宝藏题	单词
错题个数				

专项提升指南

既然分析出了错题原因，针对性地解决它就是专属于你的最高效提分方式。以上问题的解决方案分别如下：

定位：审题训练＋做题时强化对定位的敏感度。

空格周边词的同义词替换：审题训练＋题后总结，并抄到小本本上方便复习。

宝藏题：提升对它们的辨识度＋确定它们在给答案时的规律性。

单词：提升词汇量。

至此，本 Part 的做题方法你已经了然于心了。为了能将其高效且稳定地运用在做题中，接下来请给我 3 篇题的时间，让我手把手带着你在实战中形成这种稳定的"一定一考"的审题做题模式。从此以后，不再靠运气，而是靠习惯，稳稳地拿下 Part 4。

手把手带练篇

为了使学习效果最大化，请务必按照我精心设计的步骤来练习，始终保持一种高度自觉——你不是单纯来做这 3 篇题的（因为你知道，刷题本身不能提分，它唯一的作用是不断地显示你目前的实力和分数）。你要通过对这 3 篇题的"审题做题"练习，充分理解考官出题的底层逻辑，并形成一个稳定的应对模式。

在这 3 篇练习中，请务必踏实地按照以下步骤进行。

①拿出指定的《剑桥雅思官方真题集》，用"一定一考"法先认真审一遍题。

暂时不要考虑审题时间是否够用，重要的是准确度。随着做题数量的增多和对考点熟悉度的提升，审题速度自然会变快。所以现在，先不要限制自己的审题时间，一定要先确保准确度。要知道，在一个错误的审题模式中，速度再快都是徒劳。

②审完题之后，对照给出的"审题参考"，查缺补漏。

这一步至关重要，只有认真地对照，你才能够发现自己在审题中的不足。这个不足其实反映了你对这类题的底层逻辑理解得不彻底，这就有可能为你听题时留下巨大隐患。解决了这个问题，你听题的目标感和准确度一定会呈现出一个质的飞跃。

③开始听题。

听题时，时刻提醒自己：带着目标听题，不要"自嗨"！

④参照我给出的"答案与解析"纠错。

⑤填写"错题分析表"。

认真分析自己的错题原因，为之后的训练找到一个精准的目标。

第一篇　《剑 13》Test 3 Section 4：
The Sleepy Lizard (*tiliqua rugosa*)

第 1 步——审题

翻开《剑 13》Test 3 Section 4 第 59 页，认真审题。

第 2 步 —— 审题参考

对照你的审题，查缺补漏

The Sleepy Lizard (*tiliqua rugosa*)

	题干定位	考点
31	brown	blue
32	diet	mainly of
33	predators	并列题：birds and _____
34	navigation	小众难题：翻译理解，预测空格内容 can use the _____ to help them navigate. 可以使用什么东西帮助他们导航。
35	observations in the wild	keep the same
36	possible reasons/their young	but little
37	无定位，容易听丢	介词题： _____ for female lizards ①容易倒序　②挨在一起
38	GPS systems	attached to
39	location	the number of
40	无定位，容易听丢	reduce chances of

第 3 步 —— 听题

第 4 步 —— 答案与解析

31. tongue(s)

...sleepy lizards are brown, but ... the color of their **tongue**, which is dark blue...

定位：brown

考点：blue 原词出现。

32. plants

...varied diet...but they mostly eat **plants** of varying kinds...

定位：diet

解析：mainly 被 mostly 替换。

33. snakes

...a few predators. Large birds... but nowadays they are more likely to be caught and killed by **snakes**.

定位：predators

解析：并列题。birds 后面出现了很长的补充信息，容易造成漏听答案，但后面出现的信号词 but nowadays 是个很好的提示，表示另一个捕食者的出现。

34. sky

...the methods of navigation of these lizards...they could usually find their way back home as long as they could see the **sky**...

定位：navigation

解析：小众难题，靠翻译理解做题。

题干翻译：研究发现，蜥蜴可以使用 _____ 帮它们导航。

35. partner(s)

...Observations of these lizards in the wild have also...returning to the same **partner** year after year...

定位：Observations, wild

解析：the same 原词出现。

36. contact

…protecting their young…But in fact, observers have noted that…they have hardly any **contact** with their parents…

定位：their young

解析：信号词 but 提示答案句出现；little 被替换成 hardly。

37. protection

…so they can give the female lizards **protection** from other males…

定位：female

解析：介词题。答案词和 female 倒序了，且紧挨在一起。

38. tail(s)

…we developed a tiny GPS system that…and we fixed this onto their **tails**…

定位：GPS system

解析：attached to 被替换成了 fixed...onto。

39. steps

…not just about their location, but even about how many **steps** they took during the period…

定位：location

解析：the number of 被替换成 how many。

40. injury / injuries

…so why would that be?…but one hypothesis is that male lizards can cause quite serious **injuries** to one another, so maybe this avoidance is a way of preventing this…

定位：题干无定位，答案句之前有信号词 but 做提示。

解析：reduce chances of 被替换成了 preventing this。

用"一定一考"法简单归纳其核心如下：

	原文定位	考点
31.	brown	空格周边词的同义词替换： blue —— blue（原词出现）
32.	diet	空格周边词的同义词替换： mainly —— mostly
33.	predators	并列题：birds and _____
34.	navigation	小众难题：空格前面没有好的考点词
35.	Observation, wild	空格周边词的同义词替换： same —— same（原词出现）
36.	their young	空格周边词的同义词替换： little —— hardly
37.	female	介词题：_____ for female lizards
38.	GPS system	空格周边词的同义词替换： attached to —— fixed onto
39	location	空格周边词的同义词替换： the number of —— how many
40.	信号词 but	空格周边词的同义词替换： reduce chances of—— preventing this

两大感受

①定位词都很"听话"，乖乖地原词出现，所以做好答句来临前的提示即可。

②考点词的同义替换大都比较简单，并且与本文的话题 sleepy lizards 没太大关系，这些考点词完全可以放进任何一个话题背景中去考查。

第 5 步 —— 错题分析

错题分析表				
错题原因	定位	空格周边词的同义词替换	宝藏题	单词
错题个数				

第二篇 《剑 14》Test 4 Section 4:
The Hunt for Sunken Settlements and Ancient Shipwrecks

第 2 步 —— 审题参考

对照你的审题，查缺补漏

The Hunt for Sunken Settlements and Ancient Shipwrecks

	题干定位	考点
31	semicircle / stones	round
32	research	并列题： structures, _____ and human remains
33	oil industry	e.g. to make
34	problems （容易被替换）	并列题： expensive and _____
35	Marzamemi / Sicily / Roman ships	made of
36	Underwater internet	被动题： 可能会变成主动结构，空格后面的 short distance 可能会先出现，之后再出答案词
37	AUV / data	better
38	Gulf of Baratti / Roman ships	carrying
39	tablets	cleaning
40	olive oil	并列题 olive oil or _____

第 3 步 —— 听题

第 4 步 —— 答案与解析

31. spring

...seven half-tone stones standing in a semicircle around a **spring**...

定位：stones, semicircle

考点：round 被 around 替换。

32. tools

...Research on the buildings, **tools** and the human remains has revealed...

定位：research

考点：并列题，难点在于空格前面的 structures 被 buildings 替换了。

33. maps

...are used in the oil industry, for instance, to create **maps** of the seabed...

定位：oil industry

考点：e.g. 被 for instance 替换；make 被 create 替换。

34. heavy

...Until relatively recently they were very expensive, and so **heavy** that...

定位：expensive

考点：并列题。

35. marble

...at Marzamemi, off the coast of Sicily...an ancient Roman ship...while ferrying prefabricated **marble** elements for the construction of an early church...

定位：Marzamemi, Sicily, Roman ship

考点：本题的难点在于，题目中的被动短语 made of 在原文中变成了主动结构的 construction of，所以答案词是前面的 marble，而不是后面的 church。

36. light

...Creating an Internet in the sea...Instead, a more complex mix of technologies is required. For short distances, AUVs can share data using **light**...

定位：Internet, short distances

考点：被动短语 be used for 变身为主动结构的 using。

37. camera(s)

...enables AUVs to share information from seabed scans, and other data. So, if an AUV...with a nearby AUV that carries superior **cameras**...

定位：AUV, data

考点：better 被 superior 同义替换。

38. medical

...a 2,000-year-old Roman vessel was discovered here...it was carrying **medical** goods...

定位：Roman vessel

考点：carrying 原词出现。

39. eyes

> ...including tablets that are thought to have been dissolved to form a cleansing liquid for the **eyes**...

定位：tablets

考点：cleaning 被 cleansing liquid 替换。

40. wine

> ...Some were used for transporting cargoes of olive oil, and others held **wine**.

定位：olive oil

考点：并列题

用 "一定一考" 法简单归纳其核心如下：

	原文定位	考点
31.	stones, semicircle	空格周边词的同义词替换： round —— around
32.	research	并列题： structures, _____ and human remains
33.	oil industry	空格周边词的同义词替换： e.g. —— for instance make —— create
34.	expensive	并列题： expensive and _____
35.	Marzamemi, Sicily, Roman ship	空格周边词的同义词替换： made of —— construction
36.	Internet / short distances	空格周边词的同义词替换： be used for —— using

37.	AUV, date	空格周边词的同义词替换： better —— superior
38.	Roman vessel	空格周边词的同义词替换： carrying —— carrying（原词出现）
39.	tablets	空格周边词的同义词替换： cleaning —— cleansing liquid
40.	olive oil	并列题： olive oil or _____

两大感受

①定位：都是原词出现，十分靠谱。

②考点：本篇题整体难度不大，还出现了许多宝藏题（并列题）。

第5步 —— 错题分析

错题分析表				
错题原因	定位	空格周边词的同义词替换	宝藏题	单词
错题个数				

第三篇　《剑 12》Test 7 Section 4：
The Effects of Environmental Change on Birds

第1步 —— 审题

翻开《剑 12》Test 7 Section 4 第 58 页，认真审题。

第 2 步 —— 审题参考

对照你的审题，查缺补漏

The Effects of Environmental Change on Birds

	题干定位	考点
31	无定位，容易听丢可以关注时间词 recently	feed on
32	Claire Varian-Ramos	the effects on
33	bird song	usually learn from
34	songs / mercury	less
35	无定位，容易听丢	negative effect on
36	Lab-based studies	① more ② 介词题：the _____ for the experimenter
37	migratory birds	such as
38	无定位，容易听丢	problems / learning
39	mother's body	介词题：mother's body from _____
40	regulations / emissions	affect everyone's energy _____

第 3 步 —— 听题

第 4 步 —— 答案与解析

31. insects

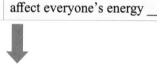

…but what wasn't known until quite recently is that those that eat **insects**…

定位：信号词 but, 时间词 recently

考点：feed on 被 eat 替换。

32. behaviour / behavior

> …Clair Varian-Romans is doing some research…she is looking for more sub-tle sub-effects. And these may be to do with the **behaviour** of the birds or with the effect of mercury on the way their brain works…

定位：Clair Varian-Romans

考点：the effect on 被替换成 these may be to do with。本题是难题，因为替换得很隐晦。

33. father

> …on bird song…a young bird seems to acquire the skill by listening to the songs produced by its **father**…

定位：bird song

考点：usually learn from 被 acquire the skill 替换。

34. complex / complicated

> …are exposed to mercury…then the songs they produced aren't as **complex** as those produced by other birds…

定位：songs

考点：less 被 not as… as 替换。

35. reproduction / breeding

> …because it can mean that they're less attractive to female birds, and so it can affect their chances of **reproduction**…

定位：本题无定位，所以要将重点聚焦在 negative effect 的替换上。

考点：negative effect 被 they're less attractive to female birds 替换，该替换有一定的难度。

36. control

> ...the lab-based studies have the advantage...so the experimenter has a much higher level of **control**, and that means they can be more confident about their results...

定位：lab-based studies

考点：① more 被 a much higher level of 替换。

　　　② 介词题，倒序且紧挨在一起。

37. duck(s)

> ...because many birds are migratory...For example, it's been found that **ducks** who'd been feeding at a contaminated site...

定位：migratory

考点：such as 被 for example 替换。

38. language

> ...we <u>also</u> know that in humans, mercury causes developmental delays in the acquisition of **language**...

定位：本题无定位，关注信号词 also。

考点：本题的替换难度很大，problems 被 developmental delays 替换，learning 被 acquisition 替换。

39. food

> ...it's now known that an unborn child can be affected if the **food** eaten by its mother contains high levels of mercury...

定位：介词题倒序，mother 出现在了答案后面。

考点：介词题，倒序且紧挨在一起。

40. cost(s) / price(s) / bill(s)

> ...it's true there are new regulations for mercury emissions from power plants, but...increase **costs** for everyone...

定位：regulations, emissions

考点：本题的难点在于 energy 没有出现，但答案词还是出在了 everyone 前面。

用"一定一考"法简单归纳其核心如下：

	原文定位	考点
31	信号词 but 时间词 recently	空格周边词的同义词替换： feed on —— eat
32	Clair Varian-Romans	空格周边词的同义词替换： the effect on —— these may be to do with
33	bird song	空格周边词的同义词替换： usually learn from —— acquire the skill
34	songs	空格周边词的同义词替换： less —— not as... as
35	无定位	空格周边词的同义词替换： negative effect —— they're less attractive to female birds
36	lab-based studies	空格周边词的同义词替换： ① more —— a much higher level of ② 介词题：the _____ for the experimenter 倒序且紧挨在一起
37	migratory	空格周边词的同义词替换： such as —— for example
38	信号词 also	空格周边词的同义词替换： problems —— developmental delays learning —— acquisition

39	无定位	介词题：mother's body from _____ 倒序且紧挨在一起
40	regulations, emissions	空格周边词的同义词替换： affect everyone's energy —— increase costs for everyone

两大感受

①定位：整体还是很靠谱的，个别无定位的题需要借助信号词，并将听题的重点直接聚焦在考点上。

②考点：有好几道题目的空格周边词的同义替换难度比较大。

第 5 步 —— 错题分析

错题分析表				
错题原因	定位	空格周边词的同义词替换	宝藏题	单词
错题个数				

OK，陪练到此结束！相信你已经基本掌握了 Part 4 的出题逻辑。接下来，你可能还需要几篇题去巩固和稳定这种做题方式，直到做题时不会再在 "定位" "宝藏题" 上面失分，并且能听出绝大部分的 "同义词替换"。能做到这样，就表示你已经完全理解了本 Part 的做题逻辑，提分也就稳了。

恭喜你，又拿下了一个 Part，咱们下一课 "单选题" 再见。

Unit 3

单选题

——我劝你善良

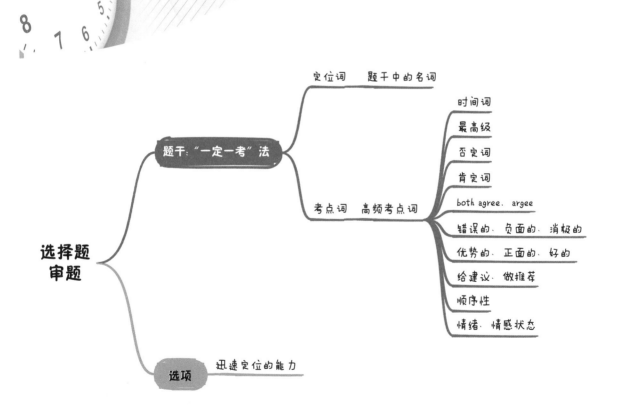

Unit 3
单选题 —— 我劝你善良

单选题时的你

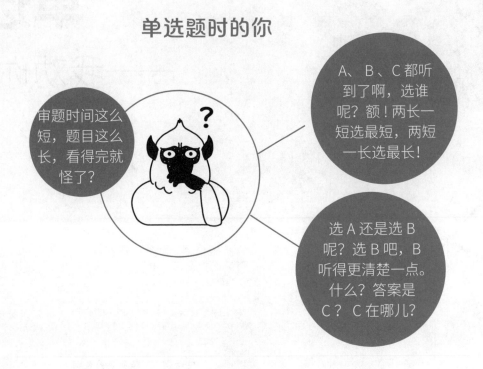

审题时间这么短，题目这么长，看得完就怪了？

A、B、C 都听到了啊，选谁呢？额！两长一短选最短，两短一长选最长！

选 A 还是选 B 呢？选 B 吧，B 听得更清楚一点。什么？答案是 C？C 在哪儿？

"雅思小白"们通常会认为单选题应该很简单，毕竟听不懂还可以猜一个，但猜完之后，一看答案，居然每次都能完美地避开正确答案，这运气也是没谁了。

作为一个正确率常年垫底的题型，选择题究竟为什么这么难？为了帮助你充分理解选择题的出题套路，咱们先来看一个特别高级的考试题题目—— HSK（汉语水平考试）六级真题，是时候展现你真正的实力了。

请听一段音频，听完之后，在以下四个选项中做出选择。

扫码听题

A. 很多人反对"晒工资"。

B. 女人的年龄不再是秘密。

C. 越来越多的人在网上购物。

D. 有人在网上公布自己的收入。

我相信你一定不会选错，本题的答案是 D。但请站在一个外国人的角度上想想，如果没有完全听明白这段话，但是又听到了一些单词，他会如何选择？

A.	最可怕的干扰选项。"晒工资"不仅被念得很清楚，而且出现在对话的末尾，但凡没有听懂整段对话，越靠前的内容就越容易记不清楚，等到对话结束，脑子里只会魔性重复最后一句话，越重复，越觉得它是对的。
B.	选项里"女人的年龄""是秘密"这些词在原文中都能听得一清二楚。所以 B 也是一个极强的干扰选项。
C.	音频中的"很多人在网络上"体现了本选项中的"越来越多的人在网上购物"，稍微有点干扰。
D.	这个答案项在原文中的存在感是很弱的，里面的大部分词汇都被同义词替换了，如果没有真正听懂意思，很难选择它。

聪明如你，应该能隐约感受到一丝选择题的"杀气"了。

大体来讲，选择题的难度主要由两大核心因素构成：

1. 同义替换词多

在雅思真题中，选择题题干中的关键信息在原文中会被同义词替换掉，同样，很多选项也会被替换。

2. 干扰性极强

这是导致选择题的难度登峰造极的主要原因。其干扰力究竟有多强，我们来感受感受：

①视觉冲击感。

听力原文中总是喜欢念出干扰选项里面的部分原词，原词一旦出现，便能立刻吸引你眼球，当你正在思考这个选项是对是错的时候，就有可能漏听之后的句子，导致错过答案。试想一下，在听不懂题的时候，A、B、C 3 个选项你最有可能选谁？你的本能冲动就是去选那个听得最清楚的。于是，你就成功"入坑"了。

②每道题都会被干扰两次。

一道单选题有 3 个选项，通常情况下，两个错的选项都会原词出现。这就意味着，要想做对一道题，你的实力要强大到能扛住两次干扰。大部分时候，你能够稳稳地排除一个选项，然而，在剩下的两个选项中，却还是选错了。相信我，这绝不是偶然现象，它背后一定藏着出题套路。

了解了单选题的厉害，那我们应该如何与它交锋，才能增加胜算呢？

答：一个能扛得住干扰选项诱惑的人，靠的不仅是实力，更重要的是目标感。要做好一道单选题，你得时刻自省："这道题，我究竟要听什么？"

一个带着极强目标感听题的人，总能在答案句出现的瞬间有一种被点亮的感觉，并且能更顽强地抵抗住干扰选项的诱惑。

这种被点亮的感觉究竟是一种什么体验呢？有过恋爱或暗恋经历的朋友，你一定有过这种感受：在人群中，你总能轻易地在第一时间发现你的那位男神/女神，你有没有想过这是为什么？是缘分吗？不，其背后的原因是：因为你时时刻刻都在想他/她，所以一切和他/她相关的信息（高矮胖瘦、穿衣打扮、行为举止等等）一旦出现，就能瞬间被你捕捉，而周边出现的那些与他/她无关的人或事，此时都很难引起你的注意，也就很难对你造成干扰。——这就是目标感的力量！

- 那么，单选题的目标感，究竟从何而来？
- 从审题中来。
- 怎么审题？
- 当然还是"一定一考"法。

审题之前的说明：

- 题干——绝对的"主咖"！决定一道题目标感的地方，审题的重中之重！
- 选项——能做到"迅速定位"即可，没必要投入大把时间去翻译。当然，考官也不会给你那么多时间。

审题的重点 —— 题干

想发现一道题的目标感，你需要在题干上使用"一定一考"法。

一、找定位

题干中的名词包括专有名词（地名、人名、星期、月份、数字等），全文都在讲的话题词除外。

e.g. What can you see in Rose Garden at the present time?

A...

B...

C...

如果定位词 Rose Ganden 没有出现，题就还没开始，你要等到它出现再集中注意力去听题。听见定位词并不难，难的是如何用定位词排除选项。一般情况下，你听见的答案句通常是下面这样的：

定位词 Rose Garden

B

A

C

定位词出现以后，你本以为答案句终于来了，可谁曾想它一口气将 3 个选项全都讲给你（选项是乱序出现的），这种时候，如果你没有一个清晰的判定对错的标准，就极容易被那些"重音读出来的选项"或"有原词出现的选项"牵着鼻子走，这样的话，你就成功入了它的"坑"。

所以，判断 A、B、C 这 3 个选项究竟谁对谁错，你还需要一个武器，那就是单选题的灵魂——考点词。

二、找考点

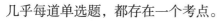

几乎每道单选题，都存在一个考点。

- 如何找考点？

- 其实很简单，读题干的时候，问自己两个问题：

① 如果你是考官，这道题可以怎么设置干扰选项？

② 如果只能找一个重点去听，这道题我应该听什么？

带着以上两个问题，来想想下面这道题的考点。（只读题干）

The cost of accommodation in the mountain hut includes

A. a supply of drinking water.

B. transport of visitors' luggage.

C. cooked meals.

《剑13》Test 4 Section 2 第 15 题

如果你不太确定自己的想法，那让我来反问你几个问题：

① 这道题，你需不需要听到这个 accommodation in the mountain hut 有多舒服、有多美？

② 这道题，你需不需要听到这个 accommodation in the mountain hut 的价格到底是多少，性价比高不高？

是不是觉得这两个问题很无厘头？如果你有这种感觉，恭喜你，这说明在读完题干后，你心中其实已经隐隐存在一个目标感了。

就这道题而言，你想听到的目标是 accommodation in the mountain hut 的价格里面包含了什么，换言之，下面的 3 个选项中，哪一个是免费的。那考官可能会怎么出干扰项呢？是不是可以说一些"需要额外收费"的选项来干扰你呢？所以在听题的时候，你并不需要把 3 个选项的内容全部听懂，而只需要在听见一个选项时，听一下它"是否免费"，这样你的听题负担就减轻了许多，且听题方向感明确，也就更容易听出答案。

再来看看原文，感受一下考官是如何绞尽脑汁把 3 个选项全都塞进题里的。

e.g. The cost of accommodation in the mountain hut includes

A. a supply of drinking water.

B. transport of visitors' luggage.

C. cooked meals.

原文

You'll spend the night in our **hut** half-way up the **mountain**. That's included in your package for the stay. It's got cooking facilities, firewood and water for drinking. For washing, we recommend you use melted snow, though, to conserve supplies. We can take your luggage up on our snowmobile for you for just ten dollars a person. The hut has cooking facilities so you can make a hot meal in the evening and morning, but you need to take your own food.

| 定位词 |
| 选项 A |
| 选项 B |
| 选项 C |

答案：A

详解版（嫌麻烦的，可以直接看后面的"简易解说版"）

定位	hut, mountain 的出现意味着题目正式开始。
A	直接说了 It's got...water for drinking，且没有说要额外付费。 比较危险的是，这句话里面的 cooking facilities 里出现了与 C 选项 cooked 一词接近的 cooking，容易造成一定的干扰，但 cooking facilities 不是 cooked meals，所以不能选 C。
B	出现了 B 选项中的原词 luggage，但后面说了，这个东西是要收费的，10 美元一个人，所以不能选。
C	出了 meal 这个原词，但是后面出现的 but you need to take your own food，所以这顿饭也是有成本的。

简易解说版

定位：hut, mountain

选项：A: water for drinking —— it's got（有，而且没说要给钱）

B: luggage —— ten dollars（要收费）

C: meal —— but you need to take your own food（需要自带食物，所以不是免费提供）

对上面这道题而言，决定一个选项对错的关键是看这个选项出现的句子里有没有说它免费，至于对它的其他细节描述，完全可以不用理会。

所以，只要能带着一个"清晰的考点"去听题，你就不再茫然地听完一整段话，逐字逐句去理解，而是带着一个明确的目标去排查 3 个选项。如此听题有 3 大好处：

① 有焦点，更易听到答案句。

比如上题的考点是和"费用"相关的词，当你聚焦在这类词上时，就更容易听见它们，从而增强对答案句的辨识度。

② 抗干扰的能力变强。

听到与考点词意义相反的词时，能够更清楚地意识到它是干扰，从而增强排除它的底气，提升了正确率。

③ 大大降低听题压力。

明确考点后，在听到与它不相关的内容时，不论原文用了多么华丽的辞藻，多么复杂的句式，你都可以做到心如止水，因为你知道，这些都和考点无关。

明白了考点词的重要性，我们还需要训练出一双能够迅速捕获单选题考点词的"火眼金睛"。但在这之前，咱们需要先给选项这个"不温不火"的角色稍微做些交代。

三、关于选项

对于选项，你要在心中有个念头：看不看得懂它并不重要，重要的是能不能在原文提及它时，瞬间找到它，即"瞬间定位选项"的能力。而定位这件事，就是要找出能代表这个选项的话题词，大方向就是找名词。

比如刚才这个题，给选项找完定位后应该是下面这样的：

e.g. The cost of accommodation in the mountain hut includes

A. a supply of <u>drinking water.</u>

B. transport of <u>visitors' luggage.</u>

C. cooked <u>meals.</u>

如此一来，选项变成了短的单词或词组，听题时，就能更迅速地捕获它们。

要明白一个道理：听题的时候，你不必完全听懂 A、B、C 这 3 个选项，而是要在听见其中一个选项出现时，看看这句话中是否有表示本题考点的词，如果有，选它；如果没有，不管这个选项讲得多么"酷炫"，基本都是坑。

拿前面的题为例：

原文对三个选项"是否免费"的描述分别是：

A. water for drinking —— it's got...water for drinking（没说要给钱）

B. luggage —— for just ten dollars a person（要收费，一人 10 美元）

C. meal —— but you need to take your own food（需要自带食物，所以不免费提供）

答案选 A，因为只有它说了免费。

虽然不能完全听懂 3 个选项所讲的具体内容，但这并不影响你做对这道题。所以在审题时，你也没必要去翻译选项。只需确保自己在听题的时候，能够迅速定位到这些选项即可。

关于选项的其他说明：

① 选项很可能会被同义词替换，比如下面这道题。

e.g. People in the town are mainly employed in

A. manufacturing.　　　　干扰项，manufacturing 在原文中是原词出现。

B. construction.　　　　　干扰项，construction 在原文中是原词出现。

C. education.　　　　　　答案项，education 在原文中被 schools and colleges 替换了。

② 通常情况下，3 个选项讲的名词都不一样，很容易区别。

A. take an effort to restore <u>ecosystem</u>

B. build a new <u>flood prevention system</u>

C. stop disposing of <u>waste materials into the rivers</u>

③ 如果选项中的名词相同（通常是贯穿全文的话题词），那就去找选项中其他有意义的词。

比如下面这道题，每个选项都在讲 island，那就要主动避开它。

A. <u>became isolated</u> on the island

B. <u>spread</u> from the island to other areas

C. <u>coexisted with other animals</u> on the island

始终要铭记，审选项的目的，不是要看懂这些选项的意思，而是要在听题时，能够迅速定位到它们。至于选哪个选项，取决于谁的句子里出现了本题题干中的考点词。

选项就说这么多，接下来，回归重点。

四、找考点训练

既然我们已经明白，在题干中找到本题的考点是做好单选题的关键，那么，接下来的重点，就是要训练出超强的"考点敏锐度"，以便在宝贵的审题时间内，轻松捕获所有考点，从而精准听题，提升正确率。

下面，来一波审题训练。相信我，经过这 20 道题的"洗礼"，你一定能够建立起一个对单选题的全新审题习惯，而不再是盲目的翻译。这种强大的审题能力，将在之后的做题中帮你最大限度地聚焦答案句，扛住干扰。

以下题为例：

What surprised the researchers about the project?

A. How difficult it was to get the samples needed.

B. the positive impact it had on the environment

C. The equipment in the lab were out-of-date.

本题的考点词是题干中的 surprised，所以在听题时，哪个选项的句子中有表示 surprised 的词，哪个选项就是答案，而那些没有表示 surprised 的词的选项，无论它们被讲得多么"天花乱坠"，都是干扰。

接下来，请你认真阅读下面这些题的题干，并找出它们的考点词，然后对照后面的"考点参考"纠错。

审题训练

1. The students they interviewed were all majoring in
A. physics.
B. psychology or physics.
C. science or psychology.

2. What will Trevor and Lisa do next?
A. talk to their tutor
B. go to a science lecture
C. look at the science timetable

3. What do the students agree to include in their project?
A. factors affecting where lizards live
B. the need to preserve endangered species
C. techniques for classifying different lizards

4. What mistake did she make when filming the video?
A. She chose the wrong lens.
B. She stood in the wrong places.
C. She did it at the wrong time.

5. Where do most of the free concerts take place?
A. on the beach
B. in the garden of the hotel
C. on the stage next to the fountain

6. The opening ceremony starts at
A. 1:30 p.m.
B. 2 p.m.
C. 4:30 p.m.

7. What is the problem affecting shopping in the town center?

A. lack of parking spaces

B. lack of chain stores

C. lack of restaurants

8. The largest number of people are employed in

A. services.

B. engineering.

C. education.

9. According to the manager, what do most people like about the job?

A. flexible working hours

B. the friendly atmosphere

C. the chances for promotion.

10. They agree that one disadvantage of free digitalized books is that

A. they may take a long time to read.

B. they can be hard to read.

C. they are generally old.

11. When she graduates, Tracy would like to

A. take a postgraduate course abroad.

B. work in the media.

C. become a teacher.

12. Why is the cookery class unusual?

A. It only uses organic foods.

B. It has an international focus.

C. It involves vegetarian dishes.

13. It is free to park your car if you

A. stay for less than 1 hour.

B. buy something in the supermarket.

C. park at weekdays.

14. Where can customers meet the tour manager before travelling to Long Island?

A. in front of the library in Main Street

B. outside of the museum in the town center

C. at the gate of the Rose Garden

15. Why is Eddy interested in doing this project?

A. He may do a module on a related topic soon.

B. He wants to have a career in education.

C. He is choosing this topic for his paper.

16. They agree that Charles's book on psychology is disappointing because

A. it fails to cover recent advances.

B. its focus is very theoretical.

C. the content is irrelevant.

17. In feedback almost all staff in the company said that this project improved their
A. opportunities of promotion.
B. sense of satisfaction.
C. relationships with colleagues.

18. In connection with slides, the tutor suggests Mark
A. to interact with the audience.
B. to give a timeline of the historical facts.
C. to provide an example.

19. What first inspired Emma to choose this project?
A. a story told by her father when she was a little girl
B. a book about a botanic garden
C. carvings she saw on holiday

20. Gary is interested in this module because
A. he intends to become an engineer.
B. it can be useful for the paper he is working on.
C. he has read a book about it.

考点参考

1	**all majoring in** 要听到所有人都学的专业，考官可能会用"一部分人学的"专业进行干扰。
2	**next** 要听到接下来要做的第一件事情，考官可能会用"已经做过的事"或"接下来做的事"来干扰。
3	**agree to include** 要听到学生同意哪个选项被加进来了，那些"不同意加进来"的选项就是干扰。
4	**mistake** 通常会先说一些"做得好的"事情来干扰，然后用转折词 but 引出做错的事情。
5	**most** 要听到哪个选项举办的免费音乐会最多，其他选项可能也有免费音乐会，但数量不是最多的。
6	**starts at** 要听到"开始的时间"，考官可能会用"结束的时间"或"其他什么事儿的时间"进行干扰。
7	**problem** 通常会先讲点"好的方面"来干扰，然后用转折词 but 引出不好的问题。
8	**largest number of people** 要听到人数最多的选项，考官可能会用"人数最少的""增长了""减少了"的选项进行干扰。

9	most people like 要听到大部分人喜欢它的原因，考官可能会用"小部分人"或"小李、小王"喜欢它的原因来干扰。
10	agree that one disadvantage 要听到他们都同意的一个缺点，那些出现了"优点"或"不同意"的选项就是干扰。
11	When she graduates 要听"毕业时"她想干什么，考官可能会用"曾经"或"很久很久以后"想做的事来干扰。
12	unusual 要听到一个有表示不同寻常的选项，考官可能会用一些"平常的"选项来干扰。
13	free 要听到一个免费的选项，考官可能会用"收费的"选项来干扰。
14	before travelling to Long Island 要听到时间词 before，考官可能会用 after、during 等时间进行干扰。
15	Why...Eddy interested...? 要听到哪个选项有出现 interested 的替换词，干扰选项可能会读得很完美，但就是不提 interested。
16	agree...disappointing... 要听到都同意且失望的选项，出现了"不让人失望的"或"不同意"的选项就是干扰。
17	almost all staff...improved 要听到绝大部分人都提升了的选项，考官可能会用"少部分人"或"某个人"提升了的选项来干扰。
18	tutor suggests 要听老师建议做的事情，考官可能会用"不建议的"或"表扬他已经做得很好的"事情来干扰。
19	first inspired 要听到最初激励她的事情，考官可能会用"之后"或"最后"激励了她的事情来干扰。
20	interested...because 要听到一个他感兴趣的原因的选项，考官可能会说一些他不感兴趣的选项。

　　看看上面的"考点参考"，有没有一种似曾相识的感觉？里面的许多考点词，咱们早在之前的 Part 1、Part 4 里就见识过了。所以，看透了考官出题的本质，你就会明白，题型虽然一会儿变成填空题，一会儿变成选择题，但高频考点词还是那些。那么，在平时的做题中，只要下意识地总结做过的考点，那你在考场上遇到的大部分题，其实都是你曾经做过的题的翻版，根本不足为惧。

在深入研究了近十年的考题之后，我为你精心整理了一份单选题"高频考点词清单"。对这些高频考点词，你一定要了然于心，因为大部分考场上的题都是它们的原型，或者是它们的"花式变形"。掌握了它们，你不仅会在审题速度上获得巨大提升，还能在听题时拥有极强的目标感。

高频考点清单
1. 时间词

剑桥雅思真题中考过的词：
in the past, last year, at present, currently, now, this year, recently, this term, immediately...

听题锦囊：
① 听题的重点，是关注表示"过去"的时间词，有它出现的选项即是答案。
② 逆向做题：出现了表示"现在""将来"等时间词的选项都可以排除掉。

2. 最高级

剑桥雅思真题中考过的词：
most, main, largest number of, greatest problem, almost all...

听题锦囊：
① 重点关注选项中是否有表示"最高级"的词出现。
② 这类题也喜欢拿两个选项进行比较，选那个出现了 more、better 等比较级的选项。
③ 逆向做题：排除那些没有表示比较级、最高级词的选项。

3. 否定词

剑桥雅思真题中考过的词：
closed, not yet, forget to, fewer people...

听题锦囊：
① 有否定词出现的选项是答案。
② 逆向做题：听到被"肯定"的选项都排除。

4. 肯定词

剑桥雅思真题中考过的词：
include, must, necessary...

听题锦囊：
① 选有"包含在内的""必须的""必要的"的选项。
② 逆向做题：出现了否定词的选项都排出。

5. both agree、agree
——Part 4 中热度最高的题

剑桥雅思真题中考过的词：

agree, both agree...

听题锦囊：

这类题听题非常简单，当你听到一个选项时，不用完全听懂这个选项，而是要等着听另一个人对这个选项的态度，如果他同意，这个选项就是答案，如果他不同意，就等下一个选项出现，继续听另一个人的态度，直到听到"同意、肯定"的态度为止。

6. 表示"错误的、负面的、消极的"的词

剑桥雅思真题中考过的词：

problem，mistake，disadvantage，criticism，complain about...

听题锦囊：

① 这种题的套路就是，先讲讲"好的、正面的、积极的"事情来进行干扰，然后出现转折词 but 引出"错误的、负面的、消极的"事情，所以听题一定要聚焦在转折词出现的地方。

② 逆向做题：听到表示"好的、正面的、积极的"选项就排除掉。

7. 表示"优势的、好的、正面的"的词

剑桥雅思真题中考过的词：

positive, advantage, benefit, valuable, useful...

听题锦囊：

① 要尽量听到表示"优势的、好的、正面的"的词出现，出现即对应着答案选项。

② 逆向做题：出现了"错误的、负面的、消极的"词的选项，即是干扰项。

8. 表示"给建议、做推荐"的词

剑桥雅思真题中考过的词：

suggest, advice, recommend...

听题锦囊：

① 通常会先赞扬一下表现得好的方面,然后用转折词but引出需要改进的地方,并给出建议。

② 直接说一些"不建议"做的事情来干扰。

9. 表示"顺序性"的词

剑桥雅思真题中考过的词：

首先：first, original, start, begin, initial, before...

最后：at the end, eventually...

接下来要做的事情：to do next

假设考点是 first, 听题锦囊：

① 听题时，一定要听到"最初的、最开始"的词出现，原文中会出现"之后"发生的事情来干扰，所以一定要聚焦在时间顺序上找答案。

② 逆向做题：出现了表示"之后"或"最后"的时间词，对应的选项即干扰。

10. 表示 "情绪、情感状态" 的词

剑桥雅思真题中考过的词:
surprised, surprising, happy about, interested, interesting, disappointing...

听题锦囊:
① 重点是要听到哪个选项出现时有表达这个考点词对应的情绪。
② 原文经常会莫名其妙地出现一些干扰选项,念得很清晰,语义也很完整,看上去非常有干扰性,但这些句子中却只字未提考点词要表达的感受,或者出现了与考点词相反的感受。

祝贺你,看到这儿,我相信你已经基本理解了选择题的听题重点。接下来,让我手把手带你进入真实的听题场景,学会在听题时,迅速切换成"目标导向型听题选手"。

听题训练

下面我们会针对以上的 10 大高频考点,分别进行实战练习。

> 提示:
> *做题时,遮住后面的解析。做完之后,再对照解析,研究出题思路,分析错题原因。
> *先审好题,再扫码听题!

考点 1: 时间词

《剑 8》Test 2 Section 3 第 21 题

Where in Australia have Asian honey bees been found in the past?

A. Queensland

B. New South Wales

C. Several states

扫码听题

原文及解析:

题干定位	Australia, Asian honey bees
考点词	in the past

Anyway, my current research involves trying to find a particular type of bee, the <u>Asian honey bee</u>, and finding out whether there are any of them around in various states in <u>Australia</u>. We discovered a few of them in **Queensland once** and eradicated them. <u>Now, we're pretty keen to make sure that there aren't any more getting in, particularly to New South Wales and other states.</u>	定位： Asian honey bee, Australia 考点： 考点词 in the past 被替换成了 once，之后的 now 引出干扰项 B 和 C。
考官的心思	本题的目的不是听懂"在澳大利亚的亚洲蜜蜂"这么专业的话题，而是以这个话题为载体，来考查你对 in the past 这种时间词的理解。
答案	A

注：下划线表示定位词；波浪线表示干扰选项；加粗词表示答案选项。

考点 2：最高级

《剑 11》Test 3 Section 1 第 3 题

When do most of the free concerts take place?

A. In the morning

B. At lunchtime

C. In the evening

扫码听题

原文及解析：

题干定位	free concerts
考点词	most of
There are several <u>free concerts</u> taking place at different times—<u>one or two in the morning</u>, **the majority at lunchtime**, <u>and a couple in the evening.</u>	定位：free concerts 考点： majority 替换了考点词 most of，one or two、a couple 分别引出了干扰项 A 和 C。
考官的心思	考查你对"most of（数量最多）"的理解。
答案	B

注：下划线表示定位词；波浪线表示干扰选项；加粗词表示答案选项。

考点3：否定词

《剑11》Test 2 Section 3 第22题

What equipment did they forget to take on the Field Trip?

A. string

B. a compass

C. a ruler

扫码听题

原文及解析：

题干定位	equipment	
考点词	forget to take 忘记带了，考查"否定"的表达。	
Helen: Now there's a list of <u>equipment</u> we all had to bring on the field trip. <u>What did they tell us to bring a ruler for?</u> Colin: It was something about measuring the slope of the shore, but of course we didn't need it because we were measuring wind direction, <u>and we'd brought the compass for that</u>... Helen: **But not the piece of string to hold up in the air!** Didn't Mr. Blake make a fuss about us **leaving that behind**?	定位：equipment 考点： ruler 和 compass 都是已经带了的东西，是干扰词。 否定词 not 和最后的 leave that behind（忘记了）都在体现考点词 forget to take。
考官的心思	考查"否定词"的替换。	
答案	A	

注：下划线表示定位词；波浪线表示干扰选项；加粗词表示答案选项。

考点 4：肯定词

《剑 16》Test 4 Part 3 第 23 题

What do the students think is necessary for successful biking-sharing schemes?

A. Bikes should have a GPS system.

B. The app should be easy to use.

C. There should be a large network of cycle lanes.

扫码听题

原文及解析：

题干定位	bike-sharing schemes
考点词	necessary

Amy: Shall we quickly discuss the recommendations we're going to make? Jake: In order to ensure <u>bike-sharing schemes</u> are successful? Amy: Yes. Jake: OK. Well, while I think it's nice to have really state-of-the-art bikes with things like <u>GPS, I wouldn't say they're absolutely necessary.</u> Amy: But some technical things are **really important – like a fully functional app** – so people can make payments and book bikes easily. Places which haven't invested in that have really struggled. Jake: Right. Deciding how much to invest is a big question. Cities which have opened loads of <u>new bike lanes at the same time as introducing bike-sharing schemes have generally been more successful - but there are examples of successful schemes where this hasn't happened.</u>	定位：bike-sharing schemes 考点： ①最开始出现的 GPS 被原文中的 wouldn't say they're absolutely necessary 给否定了。 ② really important 替换了考点词 necessary，所以 app 这个选项是答案选项。 ③ 最后出现的 bike lanes 这个选项被原文中的 this hasn't happened 给否定了。

考官的心思	考查"肯定词"的替换。
答案	B

注：下划线表示定位词；波浪线表示干扰选项；加粗词表示答案选项。

考点 5：both agree、agree

《剑 13》Test 2 Section 3 第 22 题

Russ and his tutor agree that his approach in the presentation will be

A to concentrate on how nanotechnology is used in one field.

B to follow the chronological development of nanotechnology.

C to show the range of applications of nanotechnology.

扫码听题

原文及解析：

题干定位	approach
考点词	agree

Tutor: Now, one way of <u>approaching</u> this is to work through developments in <u>chronological order</u>. Russ: <u>Uh-huh</u>. Tutor: On the other hand, <u>you could talk about the numerous ways that nanotechnology is being applied</u>. Russ: You mean things like thin film on camera displays to make them water repellent, and additives to make motorcycle helmets stronger and lighter. Tutor: Exactly. **Or another way would be to focus on its impact in one particular area,** say medicine, or space exploration. Russ: That would make it easier to focus. **Perhaps I should do that**. Tutor: I think that would be **a good idea**.	定位：approaching 考点： ① 对 B 选项 chronological order 的态度是 Uh-huh。 ② 对 C 选项 is being applied 没有表示是否同意，但在这一部分加入了大量的解释和说明，很容易因为没有听懂而产生恐慌。 ③ 对 A 选项 focus on one particular area 的态度很明确，Russ 说他应该做这个，Tutor 说它是个好主意。
考官的心思	虽然原文看起来很复杂，话题 nanotechnology 也很高级，但是，该题的本质只是想让你去听他们对这 3 个选项的态度—— 同意还是不同意。明白这一点，你才有可能避开那些看起来很学术的解释。
答案	A

注：下划线表示定位词；波浪线表示干扰选项；加粗词表示答案选项。

考点 6：表示 "错误的、负面的、消极的" 的词

《剑 13》Test 1 Section 2 第 13 题

According to the speaker, one problem with the new regulations will be

A raising money to pay for them.

B finding a way to make people follow them.

C getting the support of the police.

扫码听题

原文及解析：

题干定位	new regulations
考点词	one problem

We think these <u>new traffic regulations</u> would make a lot of difference. But we still have a long way to go. <u>We've managed to keep our proposals within budget</u>, just, so they can be covered by the Council. **But, of course, it's no good introducing new regulations if we don't have a way of making sure that everyone obeys them**, and that's an area we're still working on <u>with the help of representatives from the police force.</u>	定位： new traffic regulations 考点： 前面的 managed to keep…within budget（成功地控制在预算范围内）说明 A 已经不是问题了。 随后一个转折词 but 引出了问题，it's no good 替换了考点词 one problem，这个句子里面的 make sure that everyone obeys them 替换了选项 B 中的 make people follow them。 最后一句说了 with the help of the police force 表示也取得了警方的帮助，所以 C 也不是问题。
考官的心思	这类题，考官通常会 "先扬后抑"，讲一些 "好的、没问题的、还不错" 的选项来做干扰，然后用转折词引出 "不好的、有问题的、负面的" 答案选项，所以在听题时要重点关注转折词。
答案	B

注：下划线表示定位词；波浪线表示干扰选项；加粗词表示答案选项。

考点7：表示"优势的、好的、正面的"的词

《剑13》Test1 Section 3 第22题

Jack and Emma agree the main advantage of their present experiment is that it can be

A described very easily.

B carried out inside the laboratory.

C completed in the time available.

扫码听题

原文及解析：

题干定位	experiment
考点词	agree the main advantage

Jack: Well, I thought for <u>this experiment</u> we could look at the relationship between seed size and the way the seeds are planted. So, we could plant different sized seeds in different ways, and see which grow best. Emma: OK. **We'd need to allow time for the seeds to come up**. Jack: **That should be fine if we start now**. A lot of the other possible experiments need quite a bit longer. Emma: **So that'd make it a good one to choose**. And I don't suppose it'd need much equipment; we're not doing chemical analysis or anything. <u>Though that's not really an issue, we've got plenty of equipment in the laboratory.</u>	定位： this experiment 考点： 提到C选项的time时，双方都表示了它是个优势。 后面有出现laboratory来干扰，但这句话没有表达考点词。

考官的心思	这类题，考官可能会用一些"不好的、有问题的、负面的"或"不同意"的选项来进行干扰。
答案	C

注：下划线表示定位词；波浪线表示干扰选项；加粗词表示答案选项。

考点 8：表示"给建议、做推荐"的词

《剑 13》Test 4 Section 2 第 14 题

Annie recommends that when cross-country skiing, the visitors should

A. get away from the regular trails.

B. stop to enjoy views of the scenery.

C. go at a slow speed at the beginning.

扫码听题

原文及解析：

题干定位	cross-country skiing
考点词	recommends ... the visitors should（推荐大家做的事）

	定位：cross-country skiing
Most visitors come here for <u>cross-country skiing</u>, where you're on fairly flat ground for most of the time, rather than going down steep mountainsides. **There are marked trails, but you can also leave these and go off on your own and that's an experience not to be missed.** <u>You can go at your own speed</u> — it's great aerobic exercise if you really push yourself, <u>or if you prefer you can just glide gently along and enjoy the beautiful scenery.</u>	考点： A 选项的 trails 出现以后，说了一句 not to be missed（不容错过），体现了考点词 recommends ... the visitors should。 C 选项的 speed 出现了，但没有提到考点词。 B 选项出在最后，很容易造成干扰，但并没有出现考点词。

考官的心思	这类题的重点是要听到表示"推荐的、建议你去做的"的词，考官可能会用"不推荐的、不建议的"事情来干扰。
答案	A

注：下划线表示定位词；波浪线表示干扰选项；加粗词表示答案选项。

考点9：表示 "顺序性" 的词

《剑11》Test 3 Section 1 第5题

扫码听题

The boat race begins at

A. Summer Pool.

B. Charlesworth Bridge.

C. Offord Marina.

原文及解析：

题干定位	boat race	
考点词	begins at	
Martin: Something else you might be interested in is the <u>boat race</u> along the river. Sue: Oh, yes, do tell me about that. Martin: **The race starts at Offord Marina**, to the north of Burnham, <u>and goes as far as Summer Pool</u>. The best place to watch it from is Charlesworth Bridge, though that does get rather crowded.	定位：boat race 考点： 原文中的 starts at 替换了考点词 begins at。 A 选项在原文中的 as far as 表示它是终点。 B 选项出现在最后，很容易造成干扰，但原文里面的 best place to watch 表示这里是最佳观赛点，而不是起点。	
考官的心思	这是一个典型的考查 "顺序性" 的题，考官会用其他的 "顺序" 来干扰，听题时，一定要聚焦在自己想要的顺序上。	
答案	C	

注：下划线表示定位词；波浪线表示干扰选项；加粗词表示答案选项。

考点10：表示"情绪、情感状况"的词

《剑8》Test 3 Section 3 第 26 题

Paul was surprised to be given

A. a computer to use.

B. so little money to live on.

C. an extension to his contract.

扫码听题

原文及解析：

题干定位	无	
考点词	Paul was surprised	
Woman: And did you have a contract? Paul: I had to stay for a minimum of three months. My parents were surprised that asked to stay longer — six months in the end. I was so happy there. Woman: And did anything on the administration side of things surprise you? What was the food and lodging like? Paul: Simple…but there was plenty to eat and I only paid seven dollars a day for that which was amazing really. And they gave me all the equipment I needed…**even a laptop**. Woman: **You didn't expect that then**? Paul: **No**. Woman: Well, I'll look forward to hearing more.	定位： 本题无定位,应专注在考点上。 考点： 先出现了 C 选项的 contract,但这句话说的是他父母感到很 surprised。 然后出现了 B 选项,替换得也很好,但之后又出现了 laptop 替换了 A 选项的 computer, 并且后面说了 didn't expect that(没有预料到) 正好完美替换了考点词 surprised。
考官的心思	对于这类听一种"情绪、情感状态"的题,重点是要在听到一个选项时,听出它里面是不是有一个表示这种"情绪状态"的替换词,如果有,就是答案选项;如果没有,不管选项被说得多么酷炫,都直接排除掉。	
答案	A	

注：下划线表示定位词；波浪线表示干扰选项；加粗词表示答案选项。

恭喜你，又完成了一大步。虽然你还会在做题时经常忘记听题目标，陷入 "想听懂每句话的意思" 这个惯性，从而选错或被干扰，但通过以上的练习和分析，你应该已经初步建立起了一种 "带着目标听题" 的做题思维。

然而，在真实的做题过程中，虽然大部分的单选题都长成上面那些题的样子，但还是有少量题喜欢 "搞特殊"，那就是 "无考点的题"。

无考点的题

定义：看完题干后，无法找到一个具体听题方向的题。

比如下面这道题：

According to the manager, the company

A has been in business for 30 years.

B has a relatively lower product price than most of its competitors.

C has more customers than its competitors.

审完上面这道题的题干之后，你根本找不出一个具体的听题方向。对于这类题，就不得不将审题重点转移至选项，而选项的阅读量通常比较大，从而导致这类题的难度也比较大，但你也不必过分焦虑，毕竟 "无考点的题" 在选择题中的占比通常不会超过20%，在考场上也就能碰上一两个，所以不影响大局。

对待这类题，如果非要我给一些提示的话，除了 "靠实力" 3 个字以外，恐怕就是多关注 "信号词" 了。原文中如果出现了以下两类信号词，通常就是答案句的暗示。

> 转折词：but、although、however、whereas
>
> 强调词：in particular、especially、really、actually、in fact、specifically

常见的 "无考点的题" 如下：

*What does somebody say about something?

e.g. What does Jack say about the hotel?

A. It costs more in winter.

B. It was recently redecorated.

C. It has excellent facilities.

* What point is made about something?

e.g. What point is made about the park?

A They are closed on Mondays.

B Visitors can see palm trees from tropical regions.

C Some of its area was damaged by the fire last year.

遇见类似上述无考点的题，你要下意识地关注下一个题的定位词，千万不要因为这类难题，将后面有考点的简单题听丢。

单选题审题、做题的思路学习就到此结束了。如果需要对其审题策略来一个简单的复盘，那应该是下面这样的：

单选题审题思路	
题干	找出"一定一考"（"一考"是灵魂）
选项	勾选出"话题词"（通常是名词）

猜题小心机

接下来，我会为你总结一下高手们的猜题习惯。有点儿激动对不对？开始之前，先做个"免责声明"：以下这些猜题思路，只适用于"当你确定完全没有听懂题的情况"，并且，这些技巧也只是有可能帮你提升猜题的准确度，不可能保证绝对准确。正如你让一个专业的金融投资者帮你买股票一样，买到优质股的概率应该比你自己瞎买得强，但并不表示百分百能赚钱。所以"猜题有风险，方法需谨慎"。我要说的当然不是什么"三长一短选最短，三短一长选最长"这些没有技术含量的小伎俩，而是：

①并列选项，都不选。

单选题中，如果你听到了 B and C 或是 B or C 这样的原文内容，就去选 A 吧，因为并列结构的两个选项没有孰轻孰重，你不能偏袒任何一个，所以干脆都不选。

②一个选项中如果出现了大写字母、数字等无法被替换的词，多半不选。

3 个选项中，如果其中一个选项里出现了大写首字母的词，如名字、地点，或者数字、时间等无法被替换的单词时，这个选项多半不选。因为这些词无法被替换，所以被原词读出来的时候会特别"扎眼"，很容易关注到它，那么它所产生的干扰效力是很强的，通常用来作干扰选项。

例子：

A. see an 800-year-old tree

B. go to an art exhibition

C. visit a small zoo

上面的 A 选项，800 这个数字真的特别"抢镜"，如果把它设置成干扰项，一定能成功吸引很多人的注意。

③两个选项讲了同一个话题词，答案应该是在它们中间选一个。

A. factors affecting where <u>organisms</u> live

B. the need to preserve endangered species

C. techniques for classifying different <u>organisms</u>

上题中，A、C 两个选项都在讲 organisms 这个话题，答案大概率是其中一个。所以审题的时候要重点关注这两个选项的区别。

④刚念完选项 B，后面立马跟了一个 but，那么 B 选项多半没戏。

but 之后的内容多半是要否定前面的选项，然后再引出正确的答案，所以要重点关注 but 后面讲的选项。

⑤猜那个原词出现最少的选项吧！

再强调一次，这是在猜题，如果你真的完全一道题没听懂，只能靠猜，那么，尽量避开那些原词被读出来，还故意读得很清楚的选项。毕竟，听力考试的核心还是考查你同义词替换的能力。

恭喜你，现在已经初步具备了和单选题正面对抗的能力。

接下来，请给我两篇题的时间，让我手把手带你在实战中运用 "一定一考" 审题和做题方法，从此以后不再靠运气，而是靠习惯，稳稳地拿分。

手把手带练篇

为了使学习效果最大化，请务必按照我精心设计的步骤来练习，始终保持一种高度自觉：你不是单纯来做这两篇题的（因为你知道，刷题本身是不能提分的，它唯一的作用是不断地显示你目前的实力和分数）。你要通过对这两篇题的 "审题做题" 练习，充分理解考官的出题逻辑，并形成一个稳定的应对模式。

在这两篇练习中，请务必踏实地按照以下步骤进行：

① 拿出指定的《剑桥雅思官方真题集》，先认真审一遍题。

暂时不要考虑审题时间是否够用，重要的是准确度。随着做题数量的增多和对考点熟悉度的提升，审题速度自然会变快，所以现在，先不要限制自己的审题时间，一定要先确保准确度。要知道，在一个错误的审题模式中，速度再快都是徒劳。

② 审完题之后，对照给出的"审题参考"，查缺补漏。

这一步至关重要。只有认真地对照，你才能够发现自己在审题中的不足。这个不足，其实反映了你对这类题的底层逻辑了解得不彻底，这就有可能为你听题时留下巨大隐患。解决了它，你的听题目标感和准确度，一定会呈现出一个质的飞跃。

③ 开始听题

听题时，时刻提醒自己：带着目标听题，不要自嗨！

④ 参照给出的"答案与解析"纠错。

⑤ 总结

认真分析自己的错题原因，为之后的训练找到一个精准的目标。

第1篇　《剑11》Test 3 Section 2 第11~15题
Changes in Barford over the Last 50 Years

第1步 —— 审题

翻开《剑11》Test 3 Section 2 第59页，11~15题，认真审题，做好标记。

第2步 —— 审题参考

对照你的审题，查缺补漏

Changes in Barford over the Last 50 Years			
	题干定位	考点	听题思路
11	buses	why do fewer people	三个选项一定都会提到，重点是听哪个选项出现时有表达"它导致人们不坐公交车了"。
12	road network	benefited the town most	考最高级的题。任何一个选项出现时，你都应关注句子中是否有表示比较级或最高级的词。
13	shopping in the town center	problem	这类题考官通常会说一些"没问题的事"作干扰选项，之后用转折词引出答案。听题时，你应重点关注转折词。
14	medical facilities	无考点	题干中没有考点，听题时就没有了方向，只能将重点转移至选项，靠实力听懂每个选项的对错。（提示：不可因为这类难题，而漏听后面有考点的简单题。）
15	无定位	largest number of people	考最高级的题，你需要关注哪个句子里有出现表示比较级和最高级的词。

第3步 —— 听题

第4步 —— 答案与解析

11	
答案	C
题干定位	buses
考点词	why do fewer people

| … buses …

–most people used them frequently, but not now, because…just the routes…

–replacing old uncomfortable buses with | 定位：buses

考点：

most people used them frequently, but not now, because… 这句话完美地表达了考点，所以里 |

smart new ones has had little impact on passenger numbers. –bus fares are too high, but...	面讲的 routes 对应的 C 选项是答案。 后面分别出现了 A 和 C 选项的词，但都没有说它们导致人们不坐车了。
考官的心思	why do fewer people 被替换成了 but not now, because。

12	
答案	B
题干定位	road network
考点词	benefited...most

...changes in the road network... –the center was recently closed to traffic ...the impact of this is being measured. –cycle paths...are being used far more than was expected. –bypass constructed have failed…	定位：changes in the road network 考点： B 选项出现的时候，对它的描述是 far more than was expected（远超预期）体现了考点词。 A 选项在最后一句话，很容易造成干扰，但是这句话中完全没有出现能够体现考点的词。
考官的心思	benefited...most 被替换成 far more than was expected

13	
答案	B
题干定位	shopping in the town center
考点词	problem

...shopping in the town center.... –for instance, by opening new car parks... –visits to the town's restaurants and cafés. –most shops are small and independent stores, which is good, but many people prefer to use supermarkets and department stores...so few well-known chain stores here.	定位：shopping in the town center 考点： A、C 都是原词出现，但都不是 problem，随后用 but 引出 problem，这句话中的 supermarkets、department stores、so few well-known chain stores，这些词都是选项 B 中 retailors（零售商）的替换词。
考官的心思	这类题考官通常会"先扬后抑"，讲一些"好的、没问题的、还不错的"选项来做干扰，然后用转折词引出"不好的、有问题的、负面的"答案选项。 听题重点：转折词

14	
答案	A
题干定位	medical facilities
考点词	无考点的题 What does somebody say about something?

...medical facilities... –medical practices...fewer than 50 years ago... –our hospital closed 15 years ago… –there are more dentists than there used to be.	定位：medical facilities 考点：无考点的题，靠实力 B 中的 medical practices 更少了，并没有说要新增。 A 选项的 hospital，15 年前就关闭了，现在没有 hospital 了，所以 A 正确。 C 中的 dentists 更多了，刚好和选项意思相反。
考官的心思	无考点的题，只能靠实力。在听到一个选项出现时，要去看这个选项的内容是不是正确。

15	
答案	C
题干定位	无定位
考点词	the largest number of people

...employment patterns... –schools and colleges...making that the main employment sector... –services...have grown an importance... –manufacturing...hasn't seen the decline...	定位：employment patterns 开启了话题 考点： schools and colleges 替换了选项 C，这句话中的 the main employment sector 替换了考点词，所以是正确答案。 B、A 选项都是原词出，干扰性很强，但句子里没有表达考点 the largest number 的词。
考官的心思	"最高级"考点，the main employment sector 替换了题干 the largest number。

第 5 步 —— 总结

	题干中的考点词	在原文中被替换成了
11	why do fewer people	but not now, because…
12	benefited… most	far more than was expected
13	problem	先扬后抑，用转折词 but 引出答案句
14	What does somebody say about something?	无考点的题
15	the largest number	the main employment sector

第二篇　《剑14》Test 1 Section 3 第 21~25 题 Cities Built by the Sea

第1步 —— 审题

翻开《剑14》Test 1 Section 3 第 13 页，21~25 题，认真审题，做好标记。

第2步 —— 审题参考

对照你的审题，查缺补漏

Cities Built by the Sea			
	题干定位	考点	听题思路
11	coastal cities	surprised	你需要重点关注哪个选项出现时有表示 surprised 的感觉。
12	rivers	无考点	本题题干中没有考点，只能认真听每个选项的具体内容是否正确。
13	water drainage channels in Miami in the 1950s	mistake	考官可能会先扬后抑，然后在转折词之后给答案。

| 14 | authorities | should do immediately | 听见选项出现时，不用听懂其具体内容，只管这句话里面出现的时间词是否是"立刻、马上"，如果不是，那就是干扰选项。 |
| 15 | international action | agree … the priority | 两个人都认为的最紧要的事情。 |

第3步 —— 听题

第4步 —— 答案与解析

21	
答案	B
题干定位	coastal cities
考点词	Carla and Rob were surprised

...cities built next to the sea... –cities are growing so quickly... –we know that more than half the world's population... –but most of the biggest cities...I'd not realised that before...nor me	定位： cities built next to the sea 考点： A、C选项出现时，都没有提到 surprised 这个感受。 B选项出现时，说了 not realised that before(以前都没有意识到)，完美地体现了考点词 surprised。
考官的心思	对于这类听一种"情绪、情感状态"的题，不要纠结选项的具体内容和细节，重点是要能够定位到这个选项，并在定位到它的时候，听出里面是不是有一个表示这种"情绪状态"的替换词。如果有，就一定是答案选项，如果没有，不管选项说得多么酷炫，都是干扰。

22	
答案	A
题干定位	rivers
考点词	无考点的题

... rivers ... agriculture and industry tend to spread further inland along the rivers, and so agriculture moves even further inland up the river. That's not necessarily a problem, except it means more and more pollutants are discharged into the rivers.	定位: rivers
	考点: B、C 选项原词出现，但与选项的句意不符。最后一句说"问题是会产生更多的污染"与选项 A 句意一致。

考官的心思	无考点的题只能靠实力听懂每句话的意思，看哪个选项的描述是正确的。

23	
答案	C
题干定位	water drainage channels in Miami in the 1950s
考点词	mistake

...Miami...in the 1950s...channels to drain away the water... –they spent quite a lot of money on them. –but what they didn't take into account was global warming...the whole design was faulty.	定位: Miami, in the 1950s, channels, water
	考官用转折词 but 引出了问题 global warming，替换了 C 选项的 climate change。

考官的心思	这类题的核心是听转折词。

24	
答案	B
题干定位	authorities
考点词	should do immediately

...authorities... –stop disposing of waste water into the ocean over the next ten years. –protect against flooding now. –in the long term they need to consider the whole ecosystem.	定位: authorities
	C 选项对应的时间词是 over the next ten years，B 选项对应的时间词是 now，A 选项对应的时间词是 in the long term，3 个选项分别对应的时间词一目了然。

考官的心思	考查对时间词的敏感度。

25	
答案	A
题干定位	international action
考点词	agree... the priority

–they've got to start acting together at an international level... absolutely. –the thing is, everyone knows what the problems are... –a decision on what principles they're prepared to abide by...	定位：international level 考点： 前面的 they've got to start acting together（他们一定要合作起来）体现了 A 选项，Rob 说 absolutely，表达了考点词 agree，所以 A 是正确答案。 之后继续讲，要达成这件事所面临的困难是什么，已经与考点无关了，但很容易造成干扰。

考官的心思	这类题的重点是你要听到两个人的态度，是同意还是不同意。

第 5 步——总结

	题干中的考点词	在原文中被替换成了
21	surprised	not realised that before
22	无考点的题	靠实力听懂意思
23	mistake	转折词 but 引出答案句
24	should do immediately	now
25	agree... the priority	they've got to start acting together...absolutely

　　恭喜你，至此，你已基本掌握了选择题的"审题做题"方法，但是想要达到一个稳定的状态，你还需要在真题中进行大量的练习。

关于练习

给你两个小建议：

　　① 分 Part 进行练习

　　如果你今天打算练习单选题，不要毫无目标地翻开一个选择题就开始，先去找到同一个 Part 里面的单选题，比如，找 3 至 5 篇都在 Part 2 的单选，再开始做题和分析。这样做的好处是帮助你建立起对每个 Part 的熟悉度，当你下次再做到这个 Part 的单选题时，对它的难度、场景、话题等都能有个准备。

　　由于现在考试的绝大部分选择题都出现在 Part 2 和 Part 3，所以，练题时要重点突破这两个部分。

　　② 做完题之后 —— 总结考点词

　　做完题之后，你肯定会迫不及待地去对答案，这没什么问题，但是如果你只是单纯地停留在 "做题＋对答案" 这种模式中 "自我感动"，是不可能提升分数的。你只有认真地分析过 "考点在原文中是如何体现的"，才有可能在下一次遇到相同考点时轻松拿分。所以，你的笔记本里应该有一个专门的区域来记录你做过的所有单选题的考点词的替换词，像下面这样：

题干中的考点	原文中对应的替换
in the past	once
surprised	hadn't expected
begins at	starts at …
...	...

　　这个练习一方面能加深你对考点的印象，另一方面也为你在考前的快速复习选择题提供了材料。

　　恭喜你，终于完成了单选题的学习，快去真题中练习巩固吧，咱们多选题再见！

Unit

4

多选题
—— 单选题 2.0 版

Unit 4

多选题 —— 单选题 2.0 版本

想要做好多选题，首先要熟悉单选题的做题思路。所以，在学习这一课前，请确保你已经认真学习了前一课中单选题的做题方法。

关于多选题，你需要知道的事：

① 多选题大多是在 5 个选项中选 2 个，极少数题是在 7 个选项中选 3 个。

② 书写答案时，顺序颠倒不扣分，做对几个算几个，做错不扣分。

多选题的考法

多选题的审题和做题的方式与单选题基本一致，它不过是将同一个考点考两次或三次罢了，所以我们需要先回顾一下单选题的审题思路。

单选题审题思路	
题干	找出 "一定一考" （ "考点" 是灵魂）
选项	勾选出 "话题词"（通常是名词）

那多选题和单选题的区别是什么呢？

多选题的难点：

选项太多，导致你对选项的反应容易慢半拍。

在 5 选 2 的多选题里，你是不是总是只能选对一个？

多选题的选项一般是 5 个，当原文念到其中一个选项时，你对这个选项的"反射弧"通常会比单选题长。比如，当你 5 秒后反应过来刚才讲的是 E 选项时，就很容易漏听之后出现的一两句话，从而漏听一些答案句。

你既然在多选题中对选项的反应速度会变慢，那么在审题时，就一定要给选项更多的时间与尊重。不要抬杠，说什么审题时间不够，一道 5 选 2 的多选题，考官会给你两道题的审题时间，而题干只有一个，那么多余的时间就是给你认真熟悉选项的。

来两个例题试试看，你先自行审题，然后再参考后面的"审题思路参考"。

例题 1 号：

《剑 12》Test 7 Section 2 第 13~14 题

Choose TWO letters, A-E.

Which TWO things are the main reasons given for the popularity of activity holidays?

A. Clients make new friends.

B. Clients learn a useful skill.

C. Clients learn about a different culture.

D. Clients are excited by the risk involved.

E. Clients find them good value for money.

审题思路参考

听题时，目标是要听出"两个受欢迎的主要原因"，重点关注有最高级、比较级出现的句子。

考点　　考点　　　　　定位

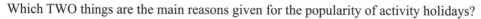

Which TWO things are the main reasons given for the popularity of activity holidays?

A. Clients make new friends.

B. Clients learn a useful skill.

C. Clients learn about a different culture.

D. Clients are excited by the risk involved.

E. Clients find them good value for money.

> 难点：选项多，有的较长
> 审题时，一定要把每个选项的话题词（通常是名词）找出来，这样在听题时才能做到迅速定位。

答案及解析：

题干定位	activity holidays
考点词	最高级标志 main reasons...for the popularity

...growing popularity of holidays... activity.	定位：holidays, activity
① ... take part in high-risk activities like rather less high-risk sports... ② ...they're not necessarily cheaper... ③...local people and customs...the most positive features ④ ...a new skill or talent... ⑤ ...create lasting relationships with other like-minded people... that's the main draw...	考点： ① D 选项的 risk 原词出现，但没有出现表示考点的词。 ② Cheaper 表现了 E 选项的 money 这个话题，但是本句没有考点词，所以是干扰选项。 ③ local people and customs（习俗）替换了 C 选项的 culture，这句话中的 most positive features 体现了考点词。 ④ B 选项的 skill 原词出现，但没有出现表示考点的词。 ⑤ create lasting relationships with other like-minded people 替换了 A 选项中的 make new friends，这句话中的 main draw 体现了考点 main reason。
考官的心思	A、C 两个选项都被同义词替换了，但这两个句子中都出现了考点词 main reasons 的替换，所以是正确答案。 其他 3 个选项也全部都出现了，可是句子中并没有表示它们是"主要的受欢迎的原因"的词。其中 D 选项的 risk 和 B 选项的 skill，都是原词出现，极容易造成干扰。
答案	AC

例题 2 号：

扫码听题

《剑 15》Test 3 Section 2 第 19~20 题

Choose TWO letters, A-E.

Which TWO results of the King Street experiment surprised Alice?

A. more shoppers

B. improved safety

C. less air pollution

D. more relaxed atmosphere

E. less noise pollution

审题思路参考

听题时，目标是要听出：哪两个选项中有表达 surprised 的含义。

定位　　　考点

Which TWO results of the <u>King Street experiment</u> <u>surprised Alice</u>?

A. more <u>shoppers</u>

B. improved <u>safety</u>

C. less air <u>pollution</u>

D. more relaxed <u>atmosphere</u>

E. less <u>noise pollution</u>

难点：选项多
审题时，一定要把每个选项的定位词（通常是名词）找出来，这样听题时才能做到迅速定位。

答案及解析：

题干定位	King Street experiment
考点词	情感词 surprised

...an experiment... King Street... It was surprising how much of a difference all this made. ① ...as we'd predicted, air quality... ② ...but what I hadn't expected ...how much quieter... ③ Of course, everyone said they felt safer. ④ ...but we were actually amazed ...sales in the shops...	定位：experiment，King Street 考点： ① air quality 替换了 C 选项的 air pollution，但原文中的 as we'd predicted（正如我们所料），与考点词 surprised 意思相悖。 ② 原文中的 but what I hadn't expected(没有想到的) 表达了考点词 surprised, 这句话里的 quieter 体现了 E 选项。 ③ Of course, everyone said they felt safer 对应 B 选项，但其中 of course 表示在情理中，与考点词 surprised 意思相悖。 ④ but...amazed（惊讶）指代了考点 surprised，该句的 sales in the shops 体现了 A 选项。
考官的心思	A、E 这两个选项都被同义词替换了，但句子中出现了表示考点 surprised 的词，所以是正确答案。B、C 两个选项都出现了原词，极容易造成干扰，但句子中并没有出现能够表示 surprised 的词。
答案	AE

那些偶尔出现的 "无考点" 的题

多选题中当然也会像单选题一样，时不时出现一两个 "无考点" 的题。在读完这类题的题干后，你完全找不到听题的重点，比如下面这道题。

Which Two things does the speaker say about the festival?

A. A celebrity will be present.

B. There will be a band performing.

C. Visitors wear historical costume.

D. The mayor will make a speech.

E. The entertainment includes horse races.

读完上面的题干，你有没有一种深深的无力感？因为你无法找到一个明确的听题目标，所以关于 festival 所讲的内容，你什么都得听。

无考点题的审题听题思路回顾！

审题思路：题干上找不到考点，重点只能全部放在分析选项上。

听题思路：实力为主，信号词为辅。

多选题无非就是单选题的加强版，练好了单选题，多选题自然也不在话下，所以就不在这里赘述了，快挽起袖子去剑桥雅思真题中练习吧。

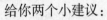

关于练习

给你两个小建议：

① 分 Part 进行练习

如果你今天打算练习多选题，先去找同一个 Part 里面出现的多选题，比如，找 3 至 5 篇都在 Part 2 的多选题，再开始做题和分析。这样做的好处是帮助你建立对每个 Part 的熟悉度，当你下一次再做这个 Part 的多选题时，对它的难度、场景、话题等都能有个准备。

由于现在考试的绝大部分多选题都出现在 Part 2 和 Part 3，所以，练题时要重点突破这两个部分。

②做完题之后 —— 总结考点词

做完题之后，你肯定会迫不及待地去对答案，这没什么问题。但是如果你只是单纯地停留在 "做题＋对答案" 这种模式中"自我感动"，是不可能提升分数的。只有认真分析"考点在原文中是如何体现的"，你才有可能在下一次遇到相同考点时轻松拿分。所以，你的笔记本里，应该要有一个专门的区域来记录你做过的所有多选题中考点词的替换词，像下面这样：

题干中的考点	原文中对应的替换
main reasons...for the popularity	① most positive features ② main draw
surprised	① but what I hadn't expected ② but...amazed
...	...

这个练习一方面能加深你对考点的印象，另一方面也能为你在考前的快速复习选择题提供材料。

恭喜你完成了多选题的学习，快去真题中练习巩固吧，咱们下一课配对题再见！

Unit 5

配对题

——来去匆匆

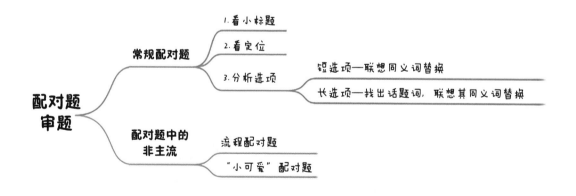

Unit 5
配对题 ——来去匆匆

Part 1 做题的感觉通常是这样的!

作为一个近年来上镜率迅猛攀升的新秀，配对题的出题量和选择题几乎已经不分伯仲，并且和选择题一样，大多出现在 Part 2 和 Part 3。要想攻克这个劲敌，首先要熟悉它的套路。你可以先尝试一个相对简单的 Part 2 的配对题，感受一下。

翻开《剑 9》第 59 页 Test 3 Section 2 的后半部分
题目：Windridge Forest Railway Park

第一步：找到音频，自己做题。

第二步：对答案。

第三步：不要去看原文，先丢下这篇题，跟着我来发现配对题的本质！

下面的状态，是你本人了吧

配对题表面看上去干净清爽、单词少，似乎不存在阅读压力，这会导致你在审题时轻视它。然而一旦开始听题，选项之多，语速之快，这个题的答案还来不及找，下个题却已经开始了。在这种应接不暇的状态中，连续漏题，摔得稀碎。所谓"天下武功，唯快不破"啊!

看出来了?配对题是表面和善,但却暗藏玄机,审题时,千万不要被其表象所迷惑。要想充分了解它的难点和特色,我们先来分析分析刚才的题。

	题干定位	原文	解析
14	I	... mechanical side of things — keeping the trains going.	替换了 E 选项的 engine maintenance。
15	Liz	recruiting and supporting...workers	替换了 H 选项的 staffing。
16	Sarah	...after some years of teaching, ...	替换了 D 选项的 education, 但这是过去的事,所以它是干扰。
16	Sarah	...now...visitors are kept fed and watered.	替换了 F 选项的 food and drink,所以它是答案。
17	Duncan	construction	替换了 C 选项的 building。
18	Judith	...retail(零售)...people want to buy souvenirs.	替换了 G 选项的 sales。

通过前面的分析,可以感受到:

配对题三大特色

① 有一说一,定位非常爽

People

14　　　Simon (the speaker)　　　_____

15　　　Liz　　　_____

16　　　Sarah　　　_____

17　　　Duncan　　　_____

18　　　Judith　　　_____

史上最爽之定位恐怕就在配对题了,几乎都是原词出现,而且一定按题号顺序出现。那么,如果听见了下一题的定位词,就赶紧做下一题,千万不要在上一题上死死纠缠,有时候,懂得放手也是一种能力。

② 出题密度高

配对题的干扰（相对于单选题）比较少，废话少，不爱兜圈子，一个题说完立马就开始下一题，因此，答题速度也得快，否则还没来得及找到上个题的答案，下个题就已经开始了。

③ 选项会被同义词替换

单选题的选项只有3个，而配对题的选项多达6～9个，"找选项"的难度骤增。而且，配对题的选项不仅多，还会被同义词替换，这就使得"找选项"变得难上加难。

经过上述分析，你应该能够大致了解配对题的风格了。接下来，我们聊战术。

以下题为例：

首先，你需要了解，配对题中各个"零部件"各自的作用。

Questions 17-20

背景介绍
审题时间弥足珍贵，上面这段话可以不看，因为想要了解这篇题的话题背景，只需要看看下面的标题即可。

What is the main area of work of each of the following people?

Choose **FOUR** answers from the box and write the correct letter, **A-F**, next to Questions 17-20.

Area of work

标语
想知道这篇配对题的话题背景，看这两个小标题就可以了。

A training courses
B food and drink
C marketing
D advertising
E management
F first aid

选项
配对题的灵魂角色
● 会被同义词替换
● 乱序出现

Staff

17 David _____

18 Lim _____

19 Echo _____

20 Stella _____

定位
史上最爽定位
● 一定按题号顺序出现
● 通常都是原词出现

熟悉了每个部分的功能之后，再来说审题思路：

配对题审题三部曲

一、读标题

拿到一篇配对题，首先看一下两个标题，从而对话题背景有个了解，做到心中有数。

比如，前面这篇题的两个小标题分别是 Staff 和 Area of work，那大致可以推断，这篇题的话题是"这几位员工分别负责什么工作"。

二、看定位

比如：

17　David　　　＿＿＿＿＿

18　Lim　　　　＿＿＿＿＿

19　Echo　　　　＿＿＿＿＿

20　Stella　　　＿＿＿＿＿

给予定位最基本的尊重：别听漏就行。如果偶尔一个题反应不过来，在听到下一个定位词时，要做到及时止损。

三、分析选项

敲黑板画重点，这是配对题审题最重要的一步。

要知道，配对题的难点就是快速定位选项，而你对一件事情的反应速度通常取决于你对它的熟悉程度，越熟悉的选项，找到它的速度就越快。所以审题时，要一个选项一个选项地过目。在分析选项时要做到以下两点：

①记住有它。

②尽可能联想，在这个场景下它可能会被如何替换。

比如：A　training courses —— 这个人负责给大家搞培训，那听力原文中可能会出现 teaching、lessons、company rules and disciplines 等词。

千万不要小看了联想，因为有了这个过程，单词在你脑子里就有了画面感，就算最终没有替换成你想象过的这些词，但只要出现了与它们相关的词，你对它的反应速度都会有一个质的飞跃，并且对这个选项的记忆更深刻，也更容易联想到它。

有了以上的审题步骤，做题就从容多了。

接下来，咱就来两个配对题练练手，看看究竟如何完美审题！

第一类　短选项的配对题

　　这类选项比较短的题，你在审题时比较容易被其简洁的外观所麻痹，以为它单词少，随意看一下就行。实际上这类题的出题速度往往非常快，你会发现自己根本应接不暇。所以审题时一定要把每个选项可能的替换方式提前想清楚，听题时才能更有方向，找出对应选项的速度也能更快。

　　比如下面这个题，测一测你在分析它的时候大概能想到什么地步。

What information does the speaker give about each of the following excursions?

Choose Five answers from the box and write the correct letter, A-G, next to Questions 11-15.

Information
A no charge
B book in advance
C for beginners
D great scenery
E food included
F safety rules
G only in good weather

Excursions

11　whale watching　　_____

12　fishing trip　　_____

13　bushwalk　　_____

14　cycle trip　　_____

15　horse riding　　_____

　　对上面这篇题来说，一个好的审题分析应该包含三个步骤。其中第三步就是那灵魂的一步！

审题分析：

第一步	读标题	Excursions + Information 这 5 个旅行，分别有什么信息。
第二步	看定位	都会原词出现，一定按照题号顺序出，别漏听就行。
第三步	分析选项	A no charge 不收钱、免费、包含在价格内……
		B book in advance 一票难求、数量有限、很火爆、提前（一周 / 一月）预订、不接受临时订单……
		C for beginners 对初学者友好、没有压力、简单易学、没有经验也行……
		D great scenery 各种具体的景色描述、一些赞美的词语……
		E food included 任何具体的食物……
		F safety rules 可能有危险、具体的安全措施、安全防护装备、安全规则……
		G only in good weather 具体的天气现象等

有了上面第三步的详细分析，每个选项在你的脑子里就不再是冷冰冰的单词了，它们会立刻变得更加生动立体、更有画面感。这个画面感，能让你在听题的时候更有针对性，且更快速地发现答案选项。

单从审题量来看，这类短选项的配对题算是"业界良心"了。但并不是所有配对题都这么可爱，有些配对题的选项会比较长，可能是一个句子或词组，选项的阅读量会有大幅度攀升，比如后面这一类题。

第二类　长选项的配对题

这类配对题表面看上去选项变长，阅读量加大，视觉上的威慑力就会变强，从而导致你的心态比较容易垮，所以咱们先做点心理建设 —— 不管配对题的选项有多长，配对题的整体阅读量都远小于等量的选择题，所以审题的时间肯定是够的，只是需要你有策略地去审题。这类长选项的配对题，需要你在审题时挖出每个选项的关键词，然后聚焦在上面，去思考它可能的替换词。

比如下面这篇题，测一测你在分析它的时候大概能想到什么地步。

What opinion do the students give about each of the following courses?

Choose Five answers from the box and write the correct letter, A-G, next to Questions 21-25.

Opinion
Opinion
A They may do some further study on this.
B They think it should be easier.
C They think the content should be organised more clearly.
D They are interested about some of the recent findings.
E They think the reading materials are useful.
F They got their feedback very quickly.
G They think the group discussion sessions are too long.

Courses

21	Introduction to Cultural Anthropology	_____
22	Hormones and Behaviour	_____
23	Law as Culture	_____
24	Great Civilisations of the Ancient World	_____
25	Reproductive Technologies	_____

对照下面这个分析，看看你是否都想到了。

第一步	读标题	Courses + Opinion 对下面各个课程，他们有什么看法。
第二步	看定位	虽然单词看上去难度很大，但都是课程的名字，都会原词出现，且一定按照题号顺序出。
第三步	分析选项	A 关键词：further study 继续做一些相关的研究、调查、报告……
		B 关键词：should be easier 太难了、学不懂、需要降低难度、需要更多的支持……
		C 关键词：more clearly 不够清晰、有点乱、信息太多、让人很迷惑、需要更有逻辑、思路要更清晰、不要太杂乱……

第三步	分析选项	D 关键词：interested, recent findings 最新的发现、最近的论文、研究方向等；很有意思、有用、有价值……
		E 关键词：reading materials, useful 阅读材料如参考书、文献、论文；很有用、有价值、有帮助……
		F 关键词：feedback, quickly 老师给的回复、点评、建议和意见；很及时、速度快、效率高……
		G 关键词：group discussion, too long 同学们讨论的太久了，到后面大家都没什么可说的了，或者反复说的都是那些内容，或者深度不够，缺少老师的带动，或者应该让老师讲解的时间更长一点等等。

长选项的配对题，在定位选项时速度会更慢，所以，审题的时候应该：

第一：简化选项 —— 挑出一两个能够代表这个句子的话题词。

第二：想象这些话题词的同义词替换。

有了上面对配对题的分析，咱们可以对其审题步骤做一个详细总结。

配对题审题步骤
1. 读标题
2. 看定位
3. 分析选项：短选项 → 联想同义词替换 　　　　　　 长选项 → 找出话题词，联想其同义词替换

摸清了配对题的审题思路，接下来让我们在真题中将其运用出来。

手把手带练篇

为了使学习效果最大化，请务必按照我精心设计的步骤来练习，始终保持一种高度自觉——你不是单纯来做这几篇题的（因为你知道，刷题本身不提分，它唯一的作用就是不断地显示你目前的实力和分数）。你要通过对这几篇题的练习，充分理解考官的出题逻辑，并形成一个稳定的应对模式。

接下来，咱们分别练习两篇短选项和两篇长选项的配对题吧！

短选项 —— 练习1:
《剑12》Test 5 Section 2 后半部分

第2步 —— 审题参考

对照你的审题，查缺补漏。

读标题	Restaurant staff + Responsibilities 下面几位餐厅员工，分别负责哪些业务。
看定位	一定按题号顺序出，一定原词出，别漏听就行。
分析选项	A 讲解员工注意事项、餐厅规则、具体的工作内容等。 B 具体的食物等。 C 受伤、急救、医疗用品、治疗手段等。 D 破损、餐厅里具体物品的损坏等。 E 一个具体的价格或折扣、员工福利等。 F 一切和时间相关的词。

第3步 —— 听题

第4步 —— 答案与解析

	题干定位	原文关键词	解析	答案
17	Joy Parkins	...how long they work for....	how long 是时间词	E

18	David Field	...if you injure yourself...incident... you get the appropriate treatment...	受伤、事故、合理的治疗都和 first aid（急救）有关。	C
19	Dexter Wills	...smash a plate...	"摔碎盘子"和 breakage（破损）有关。	D
20	Mike Smith	...all the stores of perishables...flour or sugar...	出现了具体的食物"面粉、糖"。	B

不得不说：

① 定位非常稳定，全部原词且按题号顺序出现。

② 所有被选的选项，全部发生了同义词替换。

短选项 —— 练习 2：
《剑 10》Test 2 Section 2 后半部分

第 1 步 —— 审题

● 翻开《剑 10》Test 2 Section 2 第 36 页 15~20 题，审题。

● 完成审题后，对照下面的审题参考。

第 2 步 —— 审题参考

对照你的审题，查缺补漏。

读标题	Areas of the world + Features 世界的各个区域分别有什么特征。
看定位	一定按题号顺序出，一定原词出，别漏听就行。
分析选项	A 古老的、年代久远的等；堡垒、城堡、建筑等。 B 水路、航道、运河、大海、河流、湖泊等。 C 冬季、寒冷、冰雕、零下多少度、雪人等。

分析选项	D 钻石、黄金等具体的珠宝；贵重、稀有、奢侈等。 E 具体的动物。 F 植被、森林、岩石、攀爬等。 G 电影院、音乐会、具体的音乐或电影类型、艺术、娱乐。 H 宇宙飞船、火箭、各种星球、宇航员等。 I 岩浆、喷发、活火山、死火山、危险、高温、地质灾害等。

第 3 步 —— 听题

第 4 步 —— 答案与解析

	题干定位	原文关键词	解析	答案
15	Asia	…snakes, orangutans, tigers and so on…	指代了选项 E 中的 animals。	E
16	Antarctica	…an ice rink, but instead, …climbing blocks… mountains…	前面出现了 ice 进行干扰，转折词 but instead 引出答案 mountains。	F 干扰项：C
17	South America	…search for mines full of precious stones…	mines：矿石 precious stones：珍贵的石头 指代了选项中的 jewels。	D
18	North America	…cinema and jazz…but… rockets and the International Space Station…	前面先用 cinema and jazz 来干扰，但后面立即出现了转折词 but，之后的 rockets 和 International Space Station 才是正确答案。	H 干扰项：G
19	Europe	…most traditional choice… medieval castles and other fortifications…	选项 A 中的 ancient 被 traditional 替换；castles、fortifications 都在指代 forts。	A
20	Africa	…mosaics and trails… to represent great rivers …	rivers 指代 water。	B

不得不说：

① 定位很舒服，都是原词出现，按顺序一个一个进行。

② 虽然还是会有干扰，但是干扰的比例远低于选择题。

③ 本题核心意图：考查选项的同义词替换。

长选项 —— 练习1：
《剑11》Test 4 Section 2 前半部分

第1步 —— 审题

● 翻开《剑11》Test 4 Section 2 第82页11~16题，审题。

● 完成审题后，对照下面的审题参考。

第2步 —— 审题参考

对照你的审题，查缺补漏。

读标题	Collections + Comments 对这些收藏品的评价。
看定位	虽然单词看上去很多，但都会原词出现，所以没有翻译的压力，并且它们一定按题号顺序出，别漏听就行。
分析选项	A. one person 具体某个人的名字或头衔。
	B. the media 电视、网站等具体的媒体。
	C. the public 大众、当地居民、街坊邻居。
	D. the artists 画家、音乐家、诗人、作家等具体的艺术家类别。
	E. the most popular exhibits 参观人数最多、排队最长、最火爆、最受欢迎。

分析选项	F. largest of its kind 藏品数量最多、具体有多少件等等。
	G. relocated 挪地方了、新的地方具体在什么位置、旧的地方为什么不能用了等等。

听题锦囊

① 听到一个题的定位词出现后，只需要盯着选项中关键词，看是否有它们中任何一个词的替换词出现。

② 如果听见了选项中的原词出现，一定要保持高度警惕，因为它多半是故意来干扰你的，毕竟我们的目标是考查选项的同义词替换。

第 3 步 —— 听题

第 4 步 —— 答案与解析

	题干定位	原文关键词	解析	答案
11	20th-and 21st-century paintings	...many by very well-known artists. This is the gallery that attracts the largest number of visitors...	用了 D 选项中的原词 artists 来干扰，但这些画是很有名的画家画的，不是他们捐赠的。 attracts the largest number of visitors 吸引最多游客的区域，说明它是最火的，但是考官很有心机地在其中带上了 F 选项中的 largest，所以很容易被它干扰。	E
12	19th-century paintings	...several of the artists each donated one work...	这个本来很简单，也没有任何干扰信息，但你有可能在上一题错选了这个选项，导致在这个题产生犹豫。	D

13	Sculptures	...have been moved to other parts of the museum...	搬去了其他地方。	G
14	"Around the world" exhibition	...on TV or in newspapers ... because it presents objects from every continent and many countries...	前面的 TV、newspapers 已经表明了答案，后面出现了 F 选项中的原词 countries，容易造成干扰。	B
15	Coins	...all the coins come from this country...And many of them were discovered by ordinary people...	country 这个词是 F 选项中的原词，考官故意想将你引诱过去，但 country 并不是 F 选项的话题词，它的出现不能代表 F，后面的 ordinary people 指代了 C 选项的 the public。	C
16	Porcelain and glass	...was left to the museum by its founder when he died in 1878...	founder：创建者 创建者是一个具体的人，替换了 one person，这个题如果做错多半是因为对这个词不熟，没听出来。	A

不得不说：

　　虽然选项长，但如果审题时做好充足的准备，听题时，大部分题还是能察觉到明显的同义词替换。

长选项 —— 练习 2：
《剑 14》Test 1 Section 3 后半部分

第 1 步 —— 审题

● 翻开《剑 14》Test 1 Section 3 第 14 页 26~30 题，审题。

● 完成审题后，对照下面的审题参考。

第2步 —— 审题参考

对照你的审题，查缺补漏。

读标题	Parts of the presentation + Decisions 关于这个 presentation 的每个部分，他们打算做些什么。
看定位	一定按题号顺序出，一定原词出，别漏听就行。
分析选项	A. visuals 视觉辅助如图片、视频、PPT 等可视化的辅助材料。
	B. short 短、精简、时间不能过长、不要太赘述细节等。
	C. other students 增加互动、问答、小组讨论等。
	D. accurate 准确、不能出错。
	E. handout 发放一些具体的资料、小测试、问卷等。
	F. one example 一个具体的事例。
	G. online research 和网络相关的词。

第3步 —— 听题

第4步 —— 答案与解析

	题干定位	原文关键词	解析	答案
26	Historical background	- But we don't want to spend too long… -Yes.	不要太长时间。	B
27	Geographical factors	-We could have some maps… -On a handout you mean? Or some slides everyone can see? -Yeah, that'd be better.	用 handout(发一份资料)，还是用 slides（幻灯片），原文说用 slides 更好，但前面的 handout 是选项 E 的原词，干扰力很强。	A
28	Past mistakes	-Did you read that case study? -Yes, we could use that as the basis for the part of talk.	case study（案例分析）	F
29	Future risks	-We'll need to look at some websites… -OK	websites 网页，指代网络。	G
30	International implications	-Maybe we could ask people in the audience.	向观众提问。	C

不得不说：

① Part 3 是一段两个人的对话。既然是两个人，就可能存在不同的观点，所以干扰性会变强，一定要确定最后采取了谁的观点。

② 所有选项全部发生了同义词替换，出现的原词都是故意设置的干扰。

至此，相信你已经拥有了对抗配对题的基本能力。在听配对题的时候，我还有些小锦囊送给你，它们会辅助你在听题时更快速地做出决定，并避开干扰。

> **配对题听题锦囊**
>
> ① 如果听题时听见了选项中的原词，一定要保持高度怀疑，它极有可能是考官故意设置的干扰。
>
> ② 如果听到某个选项中话题词的同义词，那这个选项大概率就是本题的答案了，除非它后面出现了明显的转折或否定。
>
> ③ 个别题反应不过来，又听见了下个题的定位词时，一定要有放弃上个题的魄力，做到及时止损。配对题速度通常都很快，要是在一个题上死死纠缠，极有可能发生连续漏听好几个题的悲剧。

咱们以上看到的都是正常的配对题，但在考试中偶尔会遇到一些不太正常的配对题，需要你有心理准备。

配对题中的非主流

流程配对题

近年来的考题中，也时常会出现一些流程配对题。每当遇到这类题，大家都会觉得难度很大，这主要是因为流程配对题考查的重点和配对题其实是有很大区别的。导致流程配对题正确率低的主要原因有二：

① 无法定位：许多流程题在空格前面都没有明显的定位词，导致听题时特别容易跟丢，不知道原文讲到第几题了。

② 速度快：流程题的出题密度通常都很高，一个答案接着一个答案地出现，稍微慢半拍，就容易听丢两个题。

咱们先来做一篇流程配对题感受感受。

> 翻开《剑12》第34页，Test 6 Section 3 的后半部分
>
> 题目：How James will write his paper on the Vikings

第一步：找到音频，自己做题。

第二步：对答案。

第三步：不要去看原文，先把这篇题放一边，跟着我来发现配对题的本质！

好的好的，别挣扎了，我知道你大概做到第 28 题就已经找不到地方了，听得最清楚的恐怕就是最后那一句 That is the end of Section 3！

咱们先来看看这道题的解析，再说对策！

答案及解析：

	题干定位	原文关键词	解析	答案
26	毫无定位可言	Beth: ...what I suggest... you read an assignment that a student wrote last year. Beth:...textbooks usually cover so many topics, it can be very difficult to choose just one.	...what I suggest... read... 等词都在提示这是答案句，里面的 assignment（作业，任务）替换了选项 E 中的 paper，并且其中的 student 是原词出现的。 textbooks 涵盖的话题太多，比较难决定，所以不建议去选择，是干扰项。	E
27		James: I've got a DVD of a film... Should I watch that again? Beth: I'd ignore it. But I've got a recording of a documentary that you should watch.	film 被老师否定了，所以是干扰项。 答案是 documentary，选项中的原词。	G
28		James: So then...work out an outline? Beth: Yes.	So then 是"救命级别"的信号词，就是在提醒你，已经下一步了，要念答案了，里面的 outline(大纲)替换了选项 D structure（结构，框架）。	D
29		Beth: And then...looking for suitable articles and books...and take notes ...	And then 是"救命信号词"，里面的 articles and books 正好替换了题目中的 source material；紧接着又出现 and，带出答案 take notes。	C
30		Beth: Then put short phrases and sentences as bullet points under each heading.	Then 是"救命信号词"，带出答案句，句中的 bullet points 是选项 A 中的原词。	A

不得不说：

① 真的太难定位了，有时候就算听到了答句，也不知道对应哪个题。

② 有一说一，选项的替换词几乎没难度，而且竟然有 3 道题的答案词都是原词出现的，这种"福利"，在常规的配对题中是不可能出现的。

相信你也看出来了，这类题的难点就是定位不好确定，所以在听题时，我们必须要有对策。

① 借助逻辑连接词

流程题很喜欢用下面这种模式出答案。

firstly _____答句_____

and then _____答句_____

and next _____答句_____

and also _____答句_____

and then _____答句_____

无法定位答案句是流程题中很大的困难，但既然它是一个固定的流程，那就会出现很多表示"接下来""下一步"的词提示你新的一个流程开始了，一定要善于借助这些逻辑连接词来定位答句。

② 关照空格周边的词的同义词替换。

由于定位不安全，为了保证稳妥，一定要借助空格周边词的同义替换来找答案，类似做填空题的策略，比如第 26 题 He will read a _____. 就要认真听"阅读一个什么东西"。

流程题的优势：

你一定会觉得流程题"穷凶极恶"，竟然能在定位上做手脚。但有一说一，虽然定位变难了，但选项的替换难度通常比较低，比如上面这 5 道题，有 3 道题的答案都是选项中的原词，没有被替换，这在常见的配对题中几乎是不可能遇到的。

接下来，请自行在真题中去训练流程题的审题和做题。

练习题：《剑桥雅思 13》Test 1 section 3 第 26~30 题

《剑桥雅思 12》Test 7 section 3 第 21~26 题

配对题中的"小可爱"

也不是所有的配对题都要把人逼上"绝路"，真题中还是有一些"可爱的"配对题，它们的选项很少，考点一目了然，听题方向十分具体。比如下面这类题：

What does Lisa decide about each of the following modules?

Write the correct letter, A, B or C, next to Questions 26-30.

> A She will do this.
> B She might do this.
> C She won't do this.

Modules

26　Photography and Time-Based Media　　_____

27　Animation and Film　　_____

28　Graphic Design　　_____

29　Documentary Production　　_____

30　Classical and Modernist Film Forms　　_____

上面这种配对题只有三个选项，不像之前遇到的那些配对题，选项动辄八九个。只要你发现了这类配对题考查的真正方向，听题时的目标感将会异常清晰。

稍微分析一下上面这篇配对题，就会发现：

① 定位非常好，都是原词并且按顺序出，你根本不用知道它们的意思，只要别听丢就行。

② 目标非常明确，只需要听到 Lisa 的态度即可。

做这类题时，你要聪明点，不要什么信息都接收。考官为了"折磨"你，原文中一定会出现许多对这些课程（定位词）的解释，你要明白，这只是考官在加戏，你根本不用听懂这些解释，你的目标只有一个：听到女生最后对这个 module 的态度是什么 ——"will do""might do"还是"won't do"就行了。

咱们来练习一篇题感受一下。

翻开《剑 15》第 56 页，Test 3 Part 3 的后半部分

第一步：找到音频，自己做题。

第二步：对答案。

第三步：不看原文，跟着本书下面的解析走一遍。

答案及解析：

	定位	原文关键词	解析	答案
27	national news item	Hazel: ...would be worth analysing — I'm quite keen on politics, so I'll try and find a suitable topic.	女生 Hazel 的态度是：很值得分析，对政治感兴趣，所以要去找一个合适的话题。	A
28	editorial	Hazel: I won't even bother to look.	won't bother 不考虑，不用麻烦了	C
29	human interest	Hazel: ...stories like that raise quite strong feelings in me! I'll avoid that.	avoid that 要避开它	C
30	arts	Hazel: Perhaps I'll choose an arts topic...I'll think about that.	perhaps 也许 think about that 考虑考虑	B

不得不说：

① 定位一如既往地稳定。

② 选项少，很容易找到答案选项。

③ 听题时只需要听到女方的态度，整体来说，相较于常见的配对题，本题对同义词替换的要求很低。

你可以针对这类"小可爱"进行集中训练。

《剑桥雅思 7》第 13 页，Test 1 Section 2 的 17~20 题

《剑桥雅思 7》第 62 页，Test 3 Section 3 的 26~30 题

《剑桥雅思 7》第 85 页，Test 4 Section 3 的 23~26 题

《剑桥雅思 8》第 62 页，Test 3 Section 3 的 27~30 题

《剑桥雅思 11》第 62 页，Test 3 Section 3 的 27~30 题

《剑桥雅思 11》第 81 页，Test 4 Section 1 的 8~10 题

《剑桥雅思 14》第 12 页，Test 1 Section 2 的 15~20 题

《剑桥雅思 15》第 56 页，Test 3 Part 3 的 27~30 题

《剑桥雅思 15》第 78 页，Test 4 Part 3 的 25~30 题

恭喜你，又完成了一大题型，接下来，就是你自己练习巩固的时候了。

关于练习

给你的两个小建议：

① 练题时，要分 Part 进行练习。

着重练习 Part 2 和 Part 3 的配对题，并分开进行。

例如：今天只练习 Part 2 的配对题。选好 3 至 5 篇出现在 Part 2 的配对题，
集中练习。这样练习能帮你迅速建立起对 Part 2 背景的了解，熟悉
其话题方向。

② 练习步骤

● 听题之前，严格按照审题步骤审题。练习完成，对照答案纠错。

● <u>第二次听题，写下原文中出现的答案替换词——重中之重！</u> 这一步不仅
能训练你听题时关注替换词的能力，还能积累高频替换词。

● 第三次听题，听是否有干扰选项，如果有，它是怎么被否定的，又是如
何引出正确答案的。这一步能训练你听题时躲避干扰的能力。

● 总结：笔记本上应该有个专门的区域汇总所有的替换词。每做完一篇配
对题，就把里面所有的替换词全部总结到本子上，方便考前的快速复习。

好了，交代得很完整了。快去练习吧，咱们下一课地图题见。

Unit 6

地图题
——几家欢喜
几家愁

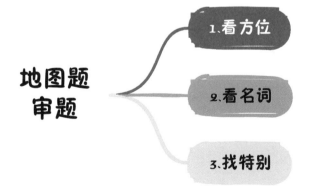

地图题
审题

1.看方位

2.看名词

3.找特别

Unit 6

地图题 —— 几家欢喜几家愁

考场上遇到地图题时，总是几家欢喜几家愁。有些同学做起地图题来得心应手，有些同学则极其恐惧它。总的来说，地图题都出现在 Part 2，与生活场景息息相关，所以你会觉得听懂大概意思并不太难，但正确率不好说。

不管你信不信，地图题其实是"福利题"，只要明白其考查重点，顺着考官的思路去审图，在这个部分拿满分真的不是梦。

想要拿下地图题，咱们先来熟悉一下目前市面上比较火的"款式"。

爆款1号：户外篇

| City Center | | | |
| A | C | D | |

Park Avenue

library   B

F

Forest Street

E

Thomas Street

supermarket   Forest Street   museum

G

16   Information Center   _____

17   Community Center   _____

18   Post Office   _____

19   Café   _____

20   Art Gallery   _____

場地
公园、景点、街区等户外场所的平面布局图。

場景
要么是一位导游给一群游客介绍一个景点。
要么是一位工作人员给大家介绍一个场所的未来规划。

爆款 2 号：室内篇

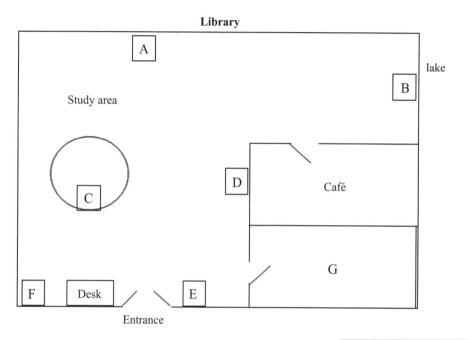

11 Periodicals   _____

12 Computers   _____

13 Photocopier   _____

14 History books   _____

15 Sports books   _____

场地
　　图书馆、博物馆、剧场等公共场所的平面图。
场景
　　通常是一个场馆的工作人员给游客或者新员工介绍这个场馆。

除了上面两类常见的配对地图题之外，偶尔也会出现一些填空类型的地图题，但是由于现在这类题出现的概率很低，我们就不单独强调了。如果你实在好奇，可以去看看《剑8》Test 2 Section 2 的地图填空题。

了解了款式，再来说方法！

都知道审图很关键，可偏偏大部分同学看到地图题时，要么觉得过于简单而放松警惕，东看看西瞧瞧，假装在审题，然而完全没有方向性；要么觉得图片看起来很复杂，越看越紧张，最后什么重点都没看到，就开始听题了。

这种漫无目的的审题会为听题时的你埋下巨大的雷，因为你对图上各个地方的定位速度并没有提前建立起来，这就导致你在听题时跟不上原文的说话速度，上个题还没找到，下个题就来了。

经过我多年的总结发现，对于地图题，考官是有些偏爱的出题思路和考点的，这些考点散落于每一篇地图题中。你若是在审题时就能关注这些考点，基本上就赢了一大半了，甚至在音频播放之前就能猜到一些必考的内容。

接下来，让我为你展示一个高效的地图题审题步骤。

不卖关子了，上方法！

地图题审图秘诀
1看方位2看名词3找特别

一、看方位

听见方位词的你本人："等等，刚才说了个northeast, north是北，east是东，northeast就是东北方向。"还有人会继续："上北下南，左西右东。东是右，北是上，东北方向就是右上角。"同学，等你反应出来这些，下下个题都念完了。

所以在审题时，你一定要预判题目会出现哪些方位词，这将大大提升你对这些方位词的敏感度。然而不同的题目使用的方位词通常是不一样的，比如下面这两类：

1. 户外图

图上有指南针	图上无指南针

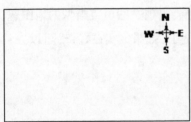 

上图的右上角出现了指南针，原文在念方位的时候，会更高频地使用北、南、东、西（North、South、East、West）。

上图没有出现指南针。原文在念方位时，通常会高频地使用上、下、左、右（Top、Bottom、Left、Right）。

重点考查方位：角落

只要角落里面有选项，一定要提前关注它的读法，大概率会被考到。

重点考查方位：角落

1. 上面 top、底部 bottom
2. 角落：
左上角 top-left corner
右上角 top-right corner
左下角 bottom-left corner
右下角 bottom-right corner

2. 室内图

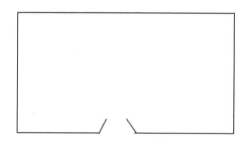

Entrance

L: Left　　R: Right

B: Back（背后）/ the far side（远的那一边）

F: Front（前面）/ on this side（在这一边）

这类图，左右还是用 left、right 表示，但入口所在的方位，通常用 Front 来表示，入口的对立面就是背部，通常用 Back 或 the far side 表示。

重点考查方位：角落

背面 Back / the far side

这个地方是室内图很喜欢考查的方位，只要出现了选项，通常就会考。

二、看名词 —— 记住位置，观察周边选项（重中之重！）

许多同学总是自以为原文一定是从 entrance、gate 等这样的入口处开始，并且还会沿着固定路径一直走下去，要是这么想你就太天真了。

真实情况是，大多数的图都十分"任性"，从什么地方来，到什么地方去，全看考官心情。有可能上一秒他还在大路的正中央，下一秒就跑到了一个超级不起眼的角落，这种时候，能不能跟得上他的魔鬼步伐，取决于你对图上各个名词的熟悉度。

看名词有两个重点：

1. 记住名词的位置，以便在听题的时候立刻找到其位置。

2. 观察名词周边的选项，思考其表达方式。

上面这两件事做得仔不仔细，直接影响你听题时的反应速度。

以下图为例，请试着记住里面的每个名词，再分析一下这个名词附近的选项。想象一下：如果你是考官，你会如何描述这些选项的位置？

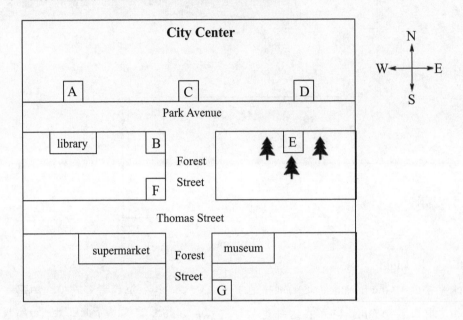

当你在听题时听到了 Forest Street 这个词，结果竟然花了 3 秒才找到它，那你就很有可能遗漏其他关键信息，导致你无法做出选择。

"看名词"的关键在于，一方面，你要记住这个词的位置；另一方面，你得关注这个词周边的特征。比如上图中，当你在看 library 这个词的时候，要看到在它的正对面有一个 A 选项，在它右边的路口处还有一个 B 选项。只有把这一步做得足够详细，才能在听题时轻松且完整地跟上节奏。

三、找特别

这一步纯粹就是在"薅羊毛"，薅到就是赚到。

以下这些"羊毛"出现时，一定要提前关注：

① 图上出现了特殊图形，且它周边还有选项，这个选项多半要考。比如下图中的 A 选项。

常考的特殊图形有：

圆形：circle / circular area / rounded area

长方形：rectangle / rectangular area

三角形：triangle / triangular area

正方形：square

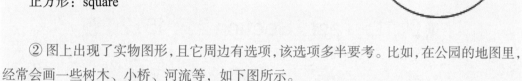

② 图上出现了实物图形，且它周边有选项，该选项多半要考。比如，在公园的地图里，经常会画一些树木、小桥、河流等，如下图所示。

　左图的 E 选项，它在一堆树里面，很容易被考到。

③ 在一条道路的转弯处出现的选项，很容易被考，如下图所示。

* 转弯处 bend　

④ 在道路的正对面出现的选项，很容易被考，如下图所示。

* 正对面 opposite/ across/facing　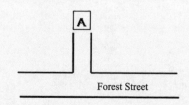

⑤ 在一条单独的小路上出现的选项，如下图的 A 选项所示。

有了以上"1看方位、2看名词、3找特别"的审图秘诀，相信你的地图题已经稳了一大半。

* 实战 *

接下来进入实战环节，咱们共同来完成一篇地图题，完成之后，我会奉上一份关于地图题的"听题锦囊"。然而，能否真正理解这份锦囊，取决于你对这篇题的理解与思考，所以请一定认真按照接下来的步骤去做。

《剑11》Test 1 Section 2 第 15~20 题

第1步 —— 审图

翻开《剑11》Test 1 Section 2 第 13 页 15~20 题。

审图：1看方位、2看名词、3找特别

第2步 —— 审图参考

1看方位

本图是户外图，没有出现指南针，方位词应该会用 top、bottom、left、right。

* 左上角 top-left corner 这个角落里有选项 A，属于重点考查对象。

2看名词：记住位置，观察周边选项

* Car Park、Side Path 这两个名词，都对应了不止一个选项，你需要提前思考一下考官会如何区分它们。

3找特别

* Fish Pool 面前有座桥 (特殊图形)，桥面前有选项 C，属于重点考查对象。

* New Barn 与 G 选项是 "正对面" 的关系，属于重点考查对象。

第3步 —— 听题

第4步——答案与解析

	题干定位	原文关键词	解析	答案
15	Scarecrow	...in the car park in the corner, beside the main path.	在 Car Park 的角落。	F
16	Maze	...opposite the New Barn, beside the side path that branches off to the right just over there.	在 New Barn 的对面。	G
17	Café	...go towards the bridge and turn right just before it. Walk along the side path...on the first bend...	本题很容易错选 C 选项，因为第一句话里面的 bridge 和 right 极具迷惑性，但是后面的 just before it 是关键，表示走到桥前就右转了，并没有穿过桥。 之后又来到了 side path，在 first bend（第一个转弯处）。	D
18	Black Barn	...side path to the right, here, just by the New Barn...just where the path first bends.	在 side path 上、New Barn 旁，first bends（第一个转弯处）。	H
19	Covered picnic area	...near the farmyard... ... just after you cross the bridge... on the right.	本题极容易错选成 B 选项，但是方位词是 near，在 B 的附近，而不是在它里面。 之后出现了名词 bridge，就是在考查你对特殊图形的敏感度，穿过桥，在右边。	C
20	Fiddy House	...cross the bridge...walk along the footpath...to the left of the farmyard.	穿过桥，沿着 footpath 走，这条路只通向 A，所以听到这几乎就可以确定答案了。	A

第5步——总结

① 每道题的定位词都是原词出现，并且严格遵循题号顺序。

② 难题17和19都是先试图把你带到一个危险的地段，然后用小细节来否定它。这种时刻，考验的是你对图上名词的熟悉度，只要够熟悉，新出现的名词是可以将你带去新的地方的。

③ 特殊方位和图形，全在预测范围内。

* 左上角的 A

* New Barn 正对面的 G

* 特殊图形 bridge 面前的 C

* 两个转角处（bend）面前的 D、H

通过上面的例题能看出，地图题是唯一不考查同义词替换的题，而是考查你找地点的速度和准确度。这取决于你对方位词、图上的名词、特殊图形的熟悉度，而这些都是可以在审图时提前建立起来的。

除了审图时的精准预测，听题时，我也有两个小建议给你：

① 一定要相信题干中的定位词。

题干上的定位词，一定会原词出现，并且严格按照题号顺序出现。如果听到下一题的定位词出现，要拿得起放得下，马上开始下一题，做到及时止损。

② 不要太在意除了"方位词、图上的名词、特殊图形词"以外的其他信息。

比如这道题：

15. Scarecrow _____

原文如下：

The Scarecrow you can see in the Car Park in the corner, beside the Main Path, is a traditional figure for keeping the birds away from crops, but our scarecrow is a permanent sculpture. It's taller than a human being, so you can see it from quite a distance.

其中：

1 是定位词，它的出现表示题目开始了。

2 是答句，用名词 Car Park 和方位词 corner 确定了答案是 F。

3 是对这个定位词 Scarecrow 的介绍说明。这段内容对做题毫无帮助，你可以听，但千万别太认真。这种时候，你更应该关注下一道题的定位词什么时候来，提前做好准备。

好了，审题和听题的方向都确定了，接下来就是练习和巩固的时间。

手把手带练篇

接下来，我们就"户外图"和"室内图"分别来一篇题进行练习。

为了使学习效果最大化，请务必按照我精心设计的步骤来练习，始终保持一种高度自觉，你不是单纯来做这两篇题的（因为你知道，刷题本身不能提分，它唯一的作用就是不断地显示你目前的实力和分数）。你要通过这两篇题的审题做题练习，充分了解考官的出题逻辑，并形成一个稳定的应对模式。在这两篇练习中，请务必踏实地按照以下步骤进行：

① 拿出指定的《剑桥雅思官方真题集》，先认真审一遍题。

暂时不要考虑审题时间是否够用，重要的是准确度。随着做题数量的增多和对考点熟悉度的提升，你的审题速度自然会变快。所以现在，先不要限制自己的审题时间，一定要先确保准确度。要知道，在一个错误的审题模式中，速度再快，都是徒劳。

② 审完题之后，对照我给出的"审题参考"，查缺补漏。

这一步至关重要。只有认真地对照，你才能够发现自己在审题中的不足。这个不足就有可能为你在听题时埋下巨大隐患。解决了它，你听题的目标感和准确度会呈现出一个质的飞跃。

③ 开始听题

听题时，时刻提醒自己：带着目标听题，不要盲听。

④ 参照我给出的"答案与解析"纠错。

⑤ 总结

认真分析自己的错题原因，为之后的训练找到一个精准的目标。

第一篇：户外图
《剑15》Test 4 Part 2 第 11~16 题

第 1 步——审图

翻开《剑15》Test 4 Part 2 第 75 页，11~16 题。

审图：1 看方位、2 看名词、3 找特别

第 2 步——审图参考

1 看方位

本图是户外图，给出了指南针，方位词应该会用 North、South、East、West。

* 东北角 northeast 这个角落出现选项 C，是重点考查对象。

2 看名词：记住位置，观察周边选项

Glass houses、Adventure playground 这两组词的周边都出现了不止一个选项，要提前思考一下如何区别它们。

3 找特别

*H、G 两个选项都在一堆树里面，树是特殊图形，属于重点考查对象。

*A 选项在一条单独的小路上，属于重点考查对象。

*E 选项在一个道路的转弯处，属于重点考查对象。

第 3 步——听题

第 4 步 —— 答案与解析

	定位	原文关键词	解析	答案
11	café	...looking out over the lake and next to the old museum...	能看到 lake，在 old museum 的旁边。	D
12	toilets	...near the adventure playground, in the corner of your map.	在 adventure playground 附近，在地图的角落里。	C
13	formal gardens	...near the south gate — between the park boundary and the path that goes past the lake towards the old museum...	在 south gate 附近，位于在公园的边界和通往 old museum 的小路之间。	G
14	outdoor gym	...by the glass houses, just to the right of the path from the south gate. You have to look for it as it's a bit hidden in the trees.	在 glass houses 旁边，藏在树里面。	H
15	skateboard ramp	...near the old museum, at the end of a little path that leads off from the main path between the lake and the museum.	在 old museum 附近，在一条小路的尽头。	A
16	wild flowers	...on a bend in the path that goes around the east side of the lake, just south of the adventure playground.	在路的转弯处，在 adventure playground 的南边。	E

第5步 —— 总结

① 定位词都是原词出现，并且严格遵循题号顺序，完美！

② 特殊方位和特殊图形几乎全考查了。

* 角落（corner）里的 C

* 道路尽头的 A

* 转弯处（bend）的 E

* 特殊图形 trees 里面的 H

第二篇：室内图
《剑11》Test 2 Section 2 第 17~20 题

第1步 —— 审图

翻开《剑11》Test 2 Section 2 第 36 页，17~20 题。

审图：1 看方位、2 看名词、3 找特别

第2步 —— 审图参考

学霸的心理活动如下：

1 看方位

　　本图是室内图，方位词用 Left、Right、Front (on this side)、Back (on the far side)。

　　*A、B 都在 Back（the far side）这个方位上，是重点考查对象。

2 看名词：记住位置，观察周边选项

　　* foyer 这个名词周边出现了不止一个选项，需要提前思考一下可能会如何区分。

　　* 图上有两个 entrance, 要稍加注意。

3 找特别

　　*特别关注选项 C、D、F、G 挤在一起，你要提前思考如何区别它们。

第 3 步 —— 听题

第 4 步 —— 答案与解析

	定位	原文关键词	解析	答案
17	box office	...although it's part of the building, it's next door, with a separate entrance from the road.	有一个独立的 entrance, 就只有 G 选项了。	G
18	theater manager's office	...across the foyer and through the double doors, turn right, and it's the room at the end of the corridor, with the door on the left.	穿过 double doors, 右转, 在走廊的尽头, 左边的门。	D
19	lighting box	...at the back of the building. When you are through the double doors, turn left, turn right at the water cooler, and right again at the end. It's the second room...	最开始出现的 at the back, 就可以大体确定是 A、B 中的一个了, 最后又说了 second room, 所以选 B。	B
20	artistic director's office	The artistic director's office is through the double doors, turn right, and it's the first room you come to on the right-hand side.	穿过 double doors, 右转, 右手边第一个房间。	F

第 5 步 —— 总结

① 定位词都是原词出现, 并且严格遵循题号顺序。

② 特殊方位和特殊图形。

* 室内图最爱考的方位 Back（on the far side）。

* 两个 entrance 中的一个。

OK，陪练到此结束！相信你已经掌握了地图题的重点考查对象。接下来，你可能还需要几篇题去巩固和稳定这种审图思路。以下是我为你整理好的不同类型的地图题。

关于练习

针对不同类型的地图题，我细分了场景，你可以进行专项训练：

户外地图题	室内地图题
《剑 9》Test 2 Section 2 第 17~20 题	《剑 11》Test 4 Section 2 第 17~20 题
《剑 11》Test 1 Section 2 第 15~20 题	《剑 16》Test 1 Section 2 第 15~20 题
《剑 12》Test 8 Section 2 第 15~20 题	
《剑 13》Test 1 Section 2 第 14~20 题	
《剑 14》Test 2 Section 2 第 16~20 题	...
《剑 15》Test 2 Part 2 第 15~20 题	
《剑 16》Test 4 Part 2 第 15~20 题	

由于地图题的题量相对较少，如果你做完上面的题还意犹未尽，也可以去找《剑 8》之前的地图题来做，里面还有一些填空类型的地图题，你可以尝试一下。

恭喜你，终于完成了所有题型的学习。此时此刻的你，应该对整个雅思听力考试有了一个全方位的了解。但是从了解到精通，还需要大量的练习做支撑。为了能给你指明一条专属于自己的练习方向，我还为你准备了一颗彩蛋。它存在的目的，一方面是要"逼迫"你对所有题型的本质进行一个总结和梳理；另一方面，是要检测出你的薄弱知识点，为你之后的复习指明方向。

咱们"彩蛋"章见！

Unit 7

彩蛋

——套题实战

Unit 7

彩蛋 ——套题实战

套题实战，知识点大融合

恭喜你，终于学完了所有题型。现在的你可能有点自信，感觉 9 分在向你招手；抑或是有些混乱，觉得信息量太大，不知道接下来的练习该如何下手。

接下来，我会提供一整套练习题，与你一同梳理各大题型的审题和做题方法；另一个更重要的方面，就是要通过对整套题的分析和总结，查找出你的薄弱环节，从而为你接下来的学习重点找准方向。

今天练习的套题是《剑 15》Test 1 Section 1。请先准备好这套题，然后按照我接下来为你设计的步骤完成整套题的审题、做题和错题分析。

关于做题的几点说明：

① 做题前

由于我们今天练题的主要目标是对各大题型的出题重点和应对策略进行回顾和总结，所以，在每一种题型出现之前，你需要对该题型的"难点"和"审题步骤（应对策略）"小小地头脑风暴一下，以检验你是否真正理解该题型。头脑风暴完成之后，对照我给出的"审题参考"查缺补漏，标记出你疏漏的地方，在今后的练习中加强训练。

② 不用限制审题时间

本次练习不是为了检测你当下的分数，而是为了将知识点来个大融合，了解整套题的出题策略，所以，你要求准、求稳、求理解，但不求快。

③ 审题完成后

参照我给出的"审题参考"，如有疏忽，请用红笔标记出来，再开始做题。

④ 做完整套题之后

参照后面的"答案及解析"，分析错题原因，制订学习计划。

Part 1

Part 1 题型：通常是填空题，偶尔出现选择题、配对题。

写下你对 "Part 1 填空题" 的理解	
难点	审题步骤（应对策略）

审题参考

对 Part 1 填空题的理解	
难点	审题步骤（应对策略）
1. 部分题可能没有定位词。 2. 干扰超多。	"一定一考" 法 1. 找定位： 　　① 空格前面的名词； 　　② 如果空格前面没有名词，听题时借助问句、信号词。 2. 找考点：预测题目可能设置干扰的方向。

Part 1

第一步：审题

1. 借助"一定一考"法，分析 10 道题的定位和考点。

2. 自行审题之后，参照下面的"审题参考"查缺补漏，再开始听题做题。

第二步：审题参考

	题干定位	考点
1	name、Becky	考查名字的拼写，注意单词的发音
2	空格前无名词，关注问句、信号词	best
3	空格前无名词，关注问句、信号词	must have
4	jobs	usually、at least
5	pay	usually、per hour
6	Registration process	题干中无法看出本题会如何设置干扰，听题时要小心
7	空格前无名词，关注问句、信号词	must bring
8	questions	介词题
9	an agency	benefit you
10	空格前无名词，关注问句、信号词	less

第三步：听题做题

听完题之后，直接开始 Part 2。做完整套题之后，再根据后面给出的"答案与解析"，分析错题原因，梳理方向。

Part 2

Part 2 题型：通常是选择题、配对题，偶尔出现填空题、地图题。

写下你对"选择题"的理解	
难点	审题步骤（应对策略）

审题参考

对选择题的理解	
难点	审题步骤（应对策略）
1.同义词替换多。 2.干扰多。	**"一定一考"法** 1.题干：找出"一定一考"，其中，考点是每道单选题的灵魂。 2.选项：勾画出"话题词"，以便能做到迅速定位。

Part 2

第一步：审题

1.借助 "一定一考" 法，分析10道题的定位和考点。

2.自行审题之后，参照下面的 "审题参考" 查缺补漏，再开始听题做题。

第二步：审题参考

		题干定位	考点
单选题	11	company	无考点的题，重心转移至选项
	12	customer, tour manager, the Isle of Man	顺序词 before
	13	lunches	are included in the price
	14	customers	pay extra for
填空题	15	hotel dining room	考查 has view of 的同义词替换
	16	Tynwald	考查 be founded in 的同义词替换
	17	promenade, tram, train, Laxey	介词题 答案应该与 Snaefell 紧挨在一起
	18	Day 4、Free day	介词题 答案应该与 local transport and heritage sites 紧挨在一起
	19	Day 5	词组题 答案应该紧挨 railway train
	20	free time, coach, Castletown	考查 former 的同义词替换

第三步：听题做题

听完题之后，直接开始 Part 3。做完整套题之后，再根据后面给出的 "答案与解析"，分析错题原因，梳理方向。

Part 3

Part 3 题型：通常是选择题和配对题，偶尔出现填空题。

写下你对"配对题"的理解	
特色和难点	审题步骤（应对策略）

审题参考

对配对题的理解	
特色和难点	审题步骤（应对策略）
1. 定位明确。 2. 选项多、速度快。 3. 选项关键词会被同义词替换。	1. 读标题——了解背景。 2. 看定位——不要漏听。 3. 分析选项——提前预测选项关键词可能如何被同义词替换。

Part 3

第一步：审题

1. 分析 10 道题的定位和考点。

2. 自行审题之后，参照下面的"审题参考"查缺补漏，再开始听题做题。

第二步：审题参考

21~26 配对题 审题参考		
1. 读标题	不同时期出生的孩子分别有什么性格特征。	
2. 看定位	21~26 题干都会出现原词，且一定按题号顺序出，别漏听。	
3. 分析选项	选项关键词会被替换，预测替换方向。	
	A 开朗、外向、自信、大方等	E 内向、含蓄、不喜欢交流、害羞等
	B 自私、不分享、自我为中心等	F 善于合作、能配合同伴等
	C 独立、独立完成事情、不依赖等	G 会照顾人、体贴等
	D 求关注、希望得到他人的理解和肯定等	H 有竞争性、好胜心强、喜欢和别人比较等

27~30 选择题 审题参考			
		题干定位	考点
单选题	27	evidence, birth order and academic success	无考点的题 审题重点转移到选项。
	28	difference in oldest children's academic performance	情绪词 surprising
多选题	29	experiences of sibling rivalry	agree…valuable
	30		

第三步：听题做题

听完题之后，直接开始 Part 4。做完整套题之后，再根据后面给出的"答案与解析"，分析错题原因，梳理方向。

Part 4

Part 4 题型：通常是填空题，偶尔出现选择题、配对题。

写下你对 Part 4 填空题的理解	
难点	审题步骤（应对策略）

审题参考

对 Part 4 填空题的理解	
难点	审题步骤（应对策略）

难点	审题步骤（应对策略）
1. 大篇的独白，容易走神，导致漏题。 2. 话题生僻，很难听懂。	"一定一考"法

1. 找定位：

空格前有名词	用名词
空格前无名词	介词题，被动题：借助空格后面的名词
	其他题型：借助信号词

2. 找考点：

空格周边词的同替
宝藏题：并列题和词组题
小众难题

Part 4

第一步：审题

1. 借助"一定一考"法，分析 10 道题的定位和考点。

2. 自行审题完成之后，参照下面的"审题参考"查缺补漏，再开始听题做题。

第二步：审题参考

	题干定位	考点
31	importance	provide 的同义词替换，与 food 并列
32	leaves	provide 的同义词替换，与 disinfectant 有关
33	Mundulla Yellows, lime	used for making 的同义词替换
34	Bell-miner Associated Die-back	feed on 的同义词替换
35	vegetation	the growth of 的同义词替换
36	forests	more 的同义词替换
37	空格前无名词 关注并列结构信号词	the quality of 的同义词替换
38	low-frequency bushfires	词组题
39	空格前无名词 关注信号词	词组题
40	environment	词组题

第三步：听题做题

听完题之后，直接开始 Part 3。做完整套题之后，再根据后面给出的"答案与解析"，分析错题原因，梳理方向。

答案与解析 —— Part 1 填空题

1. Jamieson

> AMBER: Let me write that down. Becky...
>
> WILLIAM: **Jamieson,** J-A-M-I-E-S-O-N.

定位：Becky

考点：考名字的拼写。

2. afternoon

> WILLIAM: I wouldn't call her until the **afternoon**... really busy in the morning.

定位：无定位

考点：考官用 wouldn't call her until 来表达了考点词 best。干扰选项是 morning，但是用 busy 一词可轻松排除。

3. communication

> WILLIAM: So, what's important for that kind of job isn't so much having
>
> business skills or knowing lots of different computer systems. it's
>
> **communication** that really matters.

定位：无定位

考点：must have

前面说的 business skills 和 computer systems 都是强干扰词，但原文说它们并不是那么重要，而对 communication 的描述是 that really matters（这很重要），替换了考点词 must have。

4. week

> AMBER: How long...? ...lasting at least a month.
>
> WILLIAM: That shouldn't be too difficult, but you're more likely to be offered
>
> something for a **week** at first... It's unusual to be sent somewhere
>
> for just a day or two.

定位：问句 How long...?

考点：usually

Amber 希望能有 a month，但是 William 说 you're more likely（更可能的是）to be offered something for a week，其中的 be more likely 替换了 usually，之后又用 unusual 排除了干扰项 a day。

187

5. 10

> AMBER: I've heard the pay isn't too bad.
>
> WILLIAM: Oh yes，definitely. The hourly rate is about £**10**, 11 if you're lucky.
>
> AMBER: That's pretty good. I was only expecting to get eight or nine pounds an hour.

定位：pay

考点：usually

原文表示 10 英镑是常态, 11 英镑就是你很幸运了, 所以 11 英镑是干扰词。
之后的 8 英镑、9 英镑都是 Amber 自己的预期。

6. suit

> WILLIAM: …registration process?
>
> AMBER: …have an interview.
>
> AMBER: I suppose I should dress smartly if it's for office work. I can probably borrow a **suit** from Mum.
>
> WILLIAM: Good idea.

定位：registration process、interview

考点：本题没有给干扰。

7. passport

> AMBER: Will I need to bring copies of my exam certificates…?
>
> WILLIAM: No.
>
> AMBER: What about my **passport**?
>
> WILLIAM: Oh, yes.

定位：疑问句

考点：本题先用 exam certificates 作干扰, 后面又提到 passport。

8. personality

WILLIAM: So there are questions about **personality**… won't ask… your plans…

定位：questions

考点：介词题

　　questions about_____是一个名词词组，所以答案一定在 questions 附近。

9. feedback

WILLIAM: …benefits to using an agency. For example, the interview will be useful because they'll give you **feedback** on your performance.

定位：an agency

考点：benefit you 被替换成了 useful。

10. time

AMBER: And I expect finding a temporary job this way takes a lot less **time**.

定位：本题无定位，容易漏听。

考点：less 原词出现，没有替换。

错题原因分析：定位 / 干扰 / 单词									
1	2	3	4	5	6	7	8	9	10

答案与解析 —— Part 2 单选题

11	
答案	A
题干定位	company
考点词	无考点的题，重点转移至选项上

…Matthews Island Holidays, a company set up by my parents. -We don't aim to compete…on the number of customers… -What we do is…our many years' experience-more than almost any other rail holiday company… -…to ensure we provide perfect holidays in a small number of destinations…	定位：company 考点： ① don't aim to 否定了 C 选项。 ② what we do is（我们在做的是）表明了这是答案句，里面提及的核心是该公司相较于同行有更长时间的经验，讲的是时间，所以选 A。 ③ 最后又说了有少量的目的地，否定了 B。
考官的心思	本题无考点。看完选项的关键词后，还是很容易看出三个选项的区别，听题压力也不大。非要说有难点，那就是选项太长，审题稍有困难。

12	
答案	B
题干定位	customer，tour manager，the Isle of Man
考点词	顺序词 before

… the Isle of Man holiday. -Our holiday starts in Heysham… -…then…fly from Luton… -…and another popular option…by train to Liverpool…	定位：the Isle of Man 考点：考点词 before 被替换成了 starts，所以答案选 B。最后出现的两个选项都没有提及时间词 before，是典型的干扰选项。
考官的心思	考查表示时间顺序的词，喜欢用其他有时间顺序的事情来干扰，属于高频考点。

13	
答案	A
定位词	lunches
考点词	included in the price
-...the price covers five breakfasts and dinners... -...lunch on the three days... -...Day four is free...	定位：lunch 考点：三个选项的数字都出现了，只有 three 所在的句子提及了 lunch，所以选 A。考点词被 the price covers 同义替换。
考官的心思	考查"免费，价格包含在内"的表达。

14	
答案	C
定位词	customers
考点词	pay extra for
The price of the holiday -...the price is the same whether you book six months in advance or at the last minute... -...no supplement for single rooms... -...need to change the start date...for a small administrative fee.	定位：The price of the holiday 提及价格 考点：考点词 pay extra for 被 for a small administrative fee 替换，这句话讲的话题是 change a date，所以选 C。前面提及了 A、B，但都表示不额外收费。
考官的心思	考查"收费"的表达，通常会用"不收费"的来干扰。

错题原因分析：漏听定位 / 没听出考点同替 / 被干扰			
11	12	13	14

答案与解析 —— Part 2 填空题

15. river

> The dining room looks out at the **river**.

定位：the dining room

解析：has view of 被替换成了 looks out at。

16. 1422

> Tynwald…it dates back to 979. However, the earliest surviving reference to it is from **1422**.

定位：Tynwald

解析：考查对数字的反应。

17. top

> …promenade…tram…train…Laxey. From there it's an eight-kilometer ride in the Snaefell Mountain Railway to the **top**.

定位：promenade, tram, train, Laxey

解析：介词题

空格处要填写一个地点名词，它与 Snaefell 是介词隔开关系，通常会倒叙，并紧挨在一起。

18. pass

> Day four…using the **pass** which we'll give you…on local transport…the island's heritage sites.

定位：Day four

解析：介词题

本题没有倒叙，听见后面的 local transport 时，答案词就已经过了，所以本题极容易漏听。

19. steam

> …Day five …with a ride on the **steam** railway…

定位：Day five

解析：词组题

_____ railway train 是一个词组，答案应该和 railway train 紧挨在一起。

20. capital

> a coach…Castletown…which used to be **the capital** of the Isle of Man…

定位：coach、Castletown

解析：former 被替换成了 used to be。

答案与解析 —— Part 3 配对题

	题干定位	原文关键词	解析	答案
21	the eldest child	…good at nurturing…look after the younger ones…	会照顾人、看护弟弟妹妹们。	G
22	a middle child	…easier to get on with…generally eager to please and helpful… …although… my middle brother was a nightmare…	他们通常都容易相处，也很会帮助人，体现了 F 选项。之后又举反例来干扰：但是我的 middle brother 就很烦人，经常惹是生非，还爱嫉妒我。	F
23	the youngest child	I'm supposed to have been a sociable and confident child who made friends easily—but I was actually terribly shy.	我本应该是一个爱社交、爱交朋友的自信孩子，体现了选项 A。后面说"我很害羞"是在举反例，用来干扰。	A
24	a twin	…is likely to be quite shy in social situations…	在社交情境下我可能感到很害羞。	E
25	an only child	…loners who think the world revolves around them… …never had to fight for their parents' attention…	孤独者觉得世界围着他们转，根本不需要去争取父母的注意力，这些都体现了 B 选项。attention 是选项 D 的原词，容易造成干扰。	B
26	a child with much older siblings	…these children grow up more quickly…do basic things for themselves…	这些孩子成长迅速，能自己照顾自己，比如自己穿衣服，体现了 C 选项。	C

21	22	23	24	25	26

答案与解析 —— Part 3 选择题

27	
答案	C
题干定位	evidence, birth order and academic success
考点词	无考点的题，审题重点转移至选项

RUTH:...birth order and academic achievement...Performances in intelligence tests decline...This has been proved in lots of recent studies. ED: Yes. Although what many of them didn't take into consideration was family size... ...have a low socioeconomic status, which can also account for differences between siblings in academic performance.	定位：birth order and academic achievement 考点： ① This has been proved（已被证实）否定了 A 选项，因为 A 说它是 conflicting evidence（证据有争议）。 ② 转折词 although 引出答案句，其中 didn't take into consideration 替换了选项 C 中的 neglect（忽视了）。 ③ socioeconomic status 也是一个影响因素，但原文并未将其与 birth order 作比较，所以 B 不能选。
考官的心思	本题无考点，是难题，只能逐个选项判断正误。

28	
答案	A
定位词	difference in oldest children's academic performance
考点词	情绪词 surprising

...higher academic performance of oldest children is quite surprising... It's not only...extra attention at a young age...what I would have expected. It's that they benefit from being teachers for their younger siblings...	定位：performance of oldest children is quite surprising
	考点： I would have expected（我已预测到），这表示了对 C 选项并不惊讶。 A 选项才是没有预测到的内容，所以会惊讶。
考官的心思	本题考查情绪词 surprising，凡是没有表现 surprising 这个词的选项，无论它的句意多么准确，都是干扰。

29, 30	
答案	B, D
定位词	sibling rivalry
考点词	agree，valuable

	定位：sibling rivalry
...sibling rivalry... ...this has made me a stronger person. I know how to defend myself... I would have died rather than apologise to him... but we had to put up with each other... I don't think having two older brothers made me any less selfish.	考点： ① I know how to defend myself（我知道如何为自己辩护）替换了 B 中的 stand up for oneself。 ② I would have died rather than apologise to him（我宁愿死也不愿意道歉），因为出现了 apologise，所以很容易形成干扰。 ③ put up with each other（忍受对方）替换了 D 中的 tolerate（容忍）。 ④ 虽然他有两个哥哥，但他还是很自私，这和 A 选项的意思相反。
考官的心思	本题考查"两人都同意有兄弟姐妹的好处"，所以答案选项必须满足两个条件：一是要都同意；二是必须是好处。

错题原因分析：漏听定位 / 考点词的同义词替换 / 被干扰		
27	28	29，30

31. shelter

> ...an important tree...For example, it gives **shelter** to creatures like birds and bats, and these and other species also depend on it for food.

定位：an important tree

解析：provides 被替换成 gives。

32. oil

> It's useful to us humans, too...a disinfectant made from **oil** extracted from eucalyptus leaves.

定位：本题句子结构变成了被动结构，容易漏听，所以定位词 leaves 出在了答案词的后面。

解析：根据题干 which 从句用来修饰空格的内容，所以 disinfectant（消毒剂）对空格极其重要。虽然你有可能不认识 disinfectant，但它是名词，会原词出现，只需要听到它所在的句子，多半就是答句。

33. roads

> ...Mundulla Yellows...lime, or calcium hydroxide to give it its proper chemical name, which was being used in the construction of **roads**.

定位：Mundulla Yellows, lime

解析：used for 被替换成 being used in, making 被替换成 construction。

34. insects

> ...Bell-miner Associated Die-back...What happens is that **insects** settle on the leaves and eat their way round them.

定位：Bell-miner Associated Die-back

解析：feed on 被替换成了 eat。

35. grass(es)

> …William Jackson…the frequency of bushfires…vegetation…this encourages **grass** to grow afterwards…

定位：the frequency of bushfires，vegetation

解析：in the growth of 被替换成了 to grow。

36. water

> …eucalyptus forests…the fire stops the growth of other species which would consume **water** needed by eucalyptus trees.

定位：eucalyptus forests

解析：本题题干的考点词 more，在原文中并没有一个明确的词与之替换，所以本题难度有点大，只能理解句意。fire stops the growth of other species which would consume water needed by eucalyptus trees（大火使得其他物种停止生长，从而给了 eucalyptus trees 更多的水分），这句话的理解虽然有一定的难度，但是原文重读了答案词 water。

37. soil

> And there's another reason…by affecting the composition of the **soil**…

定位：并列结构信号词 and there's another reason

解析：the quality of 被替换成了 the composition of。

38. dry

> …this reduced frequency of bushfires to low levels has led to what's known as "**dry** rainforest"…

定位：this reduced frequency of bushfires to low levels

解析：词组题，答案和 rainforest 紧挨在一起。

39. simple

...unlike tropical rainforest which is a rich ecosystem, this type of ecosystem is usually a **simple** one.

定位：本题无定位

解析：词组题，答案应该和 ecosystem 紧挨在一起，前面的 unlike 说明答案不是 rich ecosystem，而是后面的 simple。

40. nest(s)

...so one species that does find it ideal is the bell-miner bird, which builds its **nests** in the undergrowth there...

定位：the bell-miner bird

解析：介词题，答案词在定位词之后出现。

错题原因分析：漏定位 / 空格周边词的同义词替换 / 宝藏题 / 单词									
31	32	33	34	35	36	37	38	39	40

　　在认真分析错题之后，你接下来应该将练习的重心放在什么方向，相信你应该已经有了答案。想要快速提分，需要熟练地掌握每一种题型的套路，用最小的力做最大的功，这就是本书的宗旨。如果你还对哪种题型不够熟练，请回到相应的 Unit，再重复练习。相信你在第 2 次甚至第 3 次学习的时候，一定会对这些题型有更深入的理解和掌握。

　　最后，恭喜你，完成了本书的学习，也衷心感谢你的陪伴。